COURS ÉLÉMENTAIRE

DE

RHÉTORIQUE FRANÇAISE

PRÉCÉDÉ

D'ÉLÉMENTS DE LOGIQUE

ET SUIVI

DE NOTIONS DE VERSIFICATION FRANÇAISE

A L'USAGE DES JEUNES PERSONNES,

PAR

Mme LEBE-GIGUN,

DIRECTRICE DES ÉTUDES

De la Maison d'éducation de la Légion-d'Honneur, à Saint-Denis.

PARIS

DEZOBRY ET E. MAGDELEINE, LIBRAIRES-ÉDITEURS,

Rue des Maçons-Sorbonne, 1.

COURS ÉLÉMENTAIRE

DE

RHÉTORIQUE FRANÇAISE.

Coulommiers. — Imprimerie de A. MOUSSIN.

COURS ÉLÉMENTAIRE

DE

RHÉTORIQUE FRANÇAISE

PRÉCÉDÉ

D'ÉLÉMENTS DE LOGIQUE

ET SUIVI

DE NOTIONS DE VERSIFICATION FRANÇAISE

A L'USAGE DES JEUNES PERSONNES,

PAR

Mme LÈBE-GIGUN,

DIRECTRICE DES ÉTUDES

De la Maison d'éducation de la Légion-d'Honneur, à Saint-Denis.

PARIS

DEZOBRY ET E. MAGDELEINE, LIBRAIRES-ÉDITEURS,

Rue des Maçons-Sorbonne, 1.

1850.

TABLE DES MATIÈRES.

CHAPIRE II.
—
De la Méthode.

CHAPITRE III.
—
Du Jugement.

CHAPITRE IV.
—
Du Raisonnement.

CHAPITRE V.

—

Des Sophismes. — De la Certitude en général. — Des Motifs de Jugements.

FIN DES ÉLÉMENTS DE LOGIQUE.

RHÉTORIQUE.

PREMIÈRE PARTIE.

CHAPITRE Ier.

—

L'Invention.

CHAPITRE II.

—

De la Disposition.

CHAPITRE III.

—

L'Élocution.

1.

CHAPITRE IV.

—

Des Figures en général et des Tropes.

CHAPITRE V.

Des Figures de Pensées.

CHAPITRE VI.

—

De l'Action.

DEUXIÈME PARTIE DE LA RHÉTORIQUE.

CHAPITRE Ier.

—

CHAPITRE II.

—

Utilité pratique de la Rhétorique.

Notions sur la Poésie et la Versification.

De l'Elision et de l'Hiatus.

Des différentes espèces de Vers.

FIN DE LA TABLE DES MATIÈRES.

NOTE BIBLIOGRAPHIQUE.

Les nombreuses citations que, dans le cours de cet ouvrage, nous avons eu occasion de faire de nos auteurs classiques, nous ont convaincu combien sont rares les éditions vraiment pures et correctes, c'est-à-dire qui reproduisent avec exactitude le texte des auteurs. Ces éditions fautives, faites dans un but unique de spéculation, sont, malheureusement, celles que l'on met d'ordinaire, entre les mains des élèves. Des éditeurs qui ont été frappés de ce très-grave inconvénient, ont voulu y remédier en publiant, à l'usage des maisons d'éducation, un choix des ouvrages les plus usuels, dont les textes ont été collationnés avec le plus grand soin sur les meilleures éditions originales. Ces ouvrages ont de plus, comme livres d'enseignement, l'avantage d'être enrichis d'excellents commentaires littéraires, philologiques et historiques. Nous croyons donc faire une chose utile à toutes les personnes qui s'occupent d'éducation en leur signalant les *Classiques français* publiés à Paris par la librairie de MM. Dezobry et E. Magdeleine. Ces éditions, fort bien imprimées, joignent à tous les mérites qui les distinguent, celui de ne pas dépasser le prix ordinaire des livres d'école *.

---

* Voici les titres et la liste des ouvrages dont il est ici question ; chaque ouvrage peut être acquis séparément.

CLASSIQUES FRANÇAIS *commentés et annotés*, à l'usage de toutes les personnes qui étudient la langue française, et particulièrement des établissements d'instruction publique, par une société de professeurs. — Ouvrages publiés : **Boileau**, *OEuvres poétiques, choisies*, 1 vol. in-12. — **Bossuet**, *Discours sur l'Histoire universelle*, 1 vol. in-12 ; *Oraisons funèbres*, 1 vol. in-12. — **Buffon**, *Morceaux choisis*, suivis de *Morceaux choisis* de Guéneau de Montbeillard, 1 vol. in-12. — **Fénelon**, *Dialogues sur l'éloquence, et Lettre à l'Académie française*, 1 vol. in-12 ; *Fables*, 1 vol. in-18 ; *Morceaux choisis*, 1 vol. in-18 ; *Télémaque*, 1 vol. in-12. — **La Bruyère**, *Caractères*, suivis des *Caractères de Théophraste*, 1 vol. in-12. — **La Fontaine**, *Fables*, 1 vol. in-18. — **Massillon**, *Petit-Carême*, 1 vol. in-12 ; *Sermons choisis*, 1 vol. in-12. — **Montesquieu**, *Grandeur et décadence des Romains*, 1 vol. in-12. — **Voltaire**, *Histoire de Charles XII*, 1 vol. in-12. — **Théâtre** classique, précédé de *Notions de récitation*, 1 vol. in-18.

(*Note des éditeurs.*)

AVERTISSEMENT.

On a publié beaucoup d'ouvrages sur l'enseignement de la Rhétorique. Chacun d'eux a son mérite, et la plupart nous ont servi pour les leçons que nous donnons depuis longues années aux jeunes personnes; néanmoins nous avons jugé utile de composer pour elles un ouvrage tout spécial, qu'elles puissent lire depuis la première jusqu'à la dernière page, et consulter au besoin. Compléter leur instruction classique, concourir à former leur goût, à leur faire apprécier les bons ouvrages; leur fournir un motif de plus pour se garantir contre l'attrait qu'offrent trop souvent à la jeunesse tant d'écrits qui blessent également les principes de la saine littérature et de la morale, c'est là le but que nous nous sommes proposé.

INTRODUCTION.

PLAN ET BUT DE CET OUVRAGE.

Un célèbre écrivain a fait cet éloge du prince Eugène : « Je ne lui ai jamais entendu dire que ce qu'il « fallait dire. » Cet éloge repose sur une grande vérité d'observation. Ne dire que ce qu'il faut, est en effet l'un des signes caractéristiques d'un esprit supérieur. On acquiert ainsi dans la discussion un ascendant d'autant plus fort qu'il ne blesse personne, et l'on ne commet jamais de ces imprudences toujours nuisibles à la cause qu'on veut faire triompher. Cette qualité précieuse de ne dire que ce qu'il faut est recommandée par tous les moralistes. « Pèse bien ta parole avant de la laisser » échapper, dit l'un d'eux, car une fois partie, tu ne » pourras plus courir après. » — « Juge ta parole, dit » un autre, comme la jugeront ceux qui l'en- » tendent. »

A ce précepte *ne dire que ce qu'il faut*, nous ajouterons celui-ci : *bien dire, et dire convenablement*, d'autant mieux placé en tête d'un traité de Rhétorique, qu'il résume toutes les règles de l'Éloquence.

§ Iᵉʳ. Utilité des principes de Logique et de Rhétorique.

On entend dire quelquefois : « A quoi bon faire

étudier aux jeunes personnes les principes de la Logique
et de la Rhétorique? N'est-ce pas pour elles une peine
inutile? elles ne sont pas destinées à parler en public. »
Cela est vrai, en général, mais non sans exception;
ainsi par exemple, celles qui désirent se vouer à l'enseignement, n'auront-elles pas, dans cette carrière,
à développer verbalement divers sujets, à corriger des
extraits, des compositions, et ne devront-elles pas
exercer leur critique sur la forme et sur le style,
comme sur le fond et la substance de ces devoirs faits
par leurs élèves? D'ailleurs les examens pour les di-
plômes de capacité sont publics, et ne le fussent-ils pas,
il n'en serait pas moins nécessaire de répondre d'une
manière facile et correcte aux interrogations. De plus,
les éléments de Logique et de Rhétorique font partie
du programme pour le diplôme supérieur *. Enfin,
quand même les jeunes personnes n'auraient lieu d'appliquer les préceptes de la Logique et de la Rhétorique
qu'à leurs lettres, à leurs lectures et dans la conversation, elles en reconnaîtront l'utilité : ces préceptes
compléteront pour elles l'étude qu'elles ont commencée
dès leurs premières années, celle de la Langue française.

§ II. Caractère propre de la Langue française. Son universalité.

Notre langue se distingue de toutes les autres langues soit anciennes, soit modernes, par l'ordre et la
construction des phrases. Elle nomme d'abord le *sujet*

---

* Le troisième diplôme, celui de maîtresse d'institution.

du discours, puis le *verbe* qui marque l'action, puis enfin l'*objet* de cette action ; procédant ainsi d'après la logique naturelle à tous les hommes, logique qui n'est autre que le bon sens. Cette admirable clarté, qui caractérise si éminemment les chefs-d'œuvre littéraires du dix-septième siècle, a surtout contribué à rendre la Langue française universelle. Fixée et portée à sa perfection par les grands écrivains du règne de Louis XIV, elle a depuis lors le privilége d'être choisie d'ordinaire entre toutes les autres langues européennes pour la rédaction d'un traité de paix, d'une convention quelconque entre deux États. C'est que sa construction rigoureuse et ses formes précises préviennent toute équivoque : *ce qui n'est pas clair n'est pas français;* ce qui n'est pas clair peut être encore *anglais, italien, grec* ou *latin.*

La Langue française fait partie de l'éducation dans tous les pays civilisés ; elle est parlée dans la société d'élite de toutes les nations. On raconte que le philosophe Aristippe, ayant fait naufrage, arriva dans une île inconnue, et que voyant des figures de géométrie tracées sur le rivage il s'écria : « Les Dieux ne m'ont pas conduit chez des barbares ! » Le Français aussi reconnaîtra qu'il est chez un peuple civilisé partout où il retrouvera sa langue maternelle, et il la retrouvera maintenant dans presque toutes les parties du globe.

§ III. A quoi convient particulièrement la Langue française.

Convenons-en d'ailleurs, notre langue, avec tous ses

titres de prééminence, par cela même que la raison exacte forme son principe essentiel, est moins propre que plusieurs autres à l'enthousiasme et à la poésie : ce n'est qu'à force de génie qu'on peut la rendre poétique ; mais en revanche elle triomphe dans la prose. Elle convient éminemment pour la philosophie, l'éloquence, l'histoire ; enfin pour ces genres de littérature plus sévères, destinés moins à charmer l'imagination qu'à éclairer la raison et à fortifier l'âme.

§ IV. Langage ou Style naturel, Langage ou Style figuré.

De même qu'il existe pour chacun de nous deux mondes, l'un physique, l'autre moral ou intellectuel, il y a aussi deux sortes de style ou de langage, le style *naturel* qui fait le fond essentiel des langues, et le style *figuré*, que l'imagination compose au moyen des emprunts qu'elle fait au premier. *La chaleur fatigue ; le froid nous glace ; le vin enivre ;* voilà le langage simple et naturel. *La chaleur de son improvisation l'emporte ; cet accueil froid nous glace ; elle s'enivre de louanges ;* voilà le style figuré. Il n'est que le simulacre de l'autre ; mais il double la richesse des langues. Toutefois il faut prendre garde de ne l'employer qu'avec sobriété, car comme il tient à l'idéal, s'il était prodigué il nuirait à la clarté et peut-être à la vérité, en faisant entendre plus ou moins que la chose même. Mais employé avec goût le style figuré fournit au poète et à l'orateur ces expressions animées qui donnent un corps aux sentiments et aux pensées ; et le philosophe lui-même l'emploie quelquefois pour déguiser l'aridité de ses raisonnements. C'est d'ailleurs souvent sans y songer qu'on emploie les figures ; l'homme illettré s'en sert comme le poëte ou l'orateur, et l'on peut même dire qu'à cet égard, le vocabulaire des halles est sinon plus riche, du moins plus nombreux que celui de l'Académie.

§ V. Division suivie pour ces éléments de Rhétorique.

Nous avons suivi dans ces éléments de Rhétorique la division ordinaire, *Invention*, *Disposition*, *Élocution*.

L'Invention.

L'*Invention* est, en littérature, l'action d'imaginer un sujet convenable, d'y découvrir, d'y saisir, et de développer tout ce qui peut concourir au but que se propose l'écrivain. Alors même qu'il choisit un sujet réel, le point de vue sous lequel il l'envisage s'appelle encore *Invention*. Ainsi qu'il veuille parler de la civilisation, soit pour en tracer l'histoire, soit pour exposer les avantages qu'elle procure à la société, ce dessein mûri dans son esprit sera toujours, en littérature, l'*Invention* du sujet. — L'orateur de la chaire, l'homme politique, l'académicien, ayant à faire l'éloge d'un même personnage ne l'envisageront pas de même ; ils pourront peut-être se rencontrer en quelques points, mais dans l'œuvre littéraire de chacun d'eux l'*Invention* sera différente.

La Disposition.

De l'Invention on passe à la *Disposition*, arrangement des diverses parties de l'œuvre. L'*Exorde* , première

partie de la disposition, est celle qui paraît le plus em-
barrasser les élèves dans leurs compositions. Ils ne savent très-souvent comment entrer en matière ; mais ce
premier pas une fois franchi, le reste suit avec moins
d'efforts.

Sans rien dire ici des autres parties de la disposition
(la *proposition*, la *division*, la *narration*, etc.), nous
ferons seulement remarquer que la dernière (la *péro-*
raison), bien qu'elle présente d'ordinaire l'idée d'une
tirade brillante, d'une déclamation pathétique, doit souvent au contraire être simple, courte, sans passion et
sans ornements.

L'Élocution.

Le sujet une fois trouvé et disposé comme il convient, l'écrivain poursuit son œuvre par l'*Élocution*.
Nous avons parlé du style naturel et du style figuré, et
sans anticiper sur ce que nous dirons ailleurs * des
différentes qualités du style, nous nous bornerons à le
définir ici en général : *le meilleur choix et l'arrange-*
ment le plus convenable des termes propres à repré-
senter chaque idée.

§ VI. Application des préceptes de la Rhétorique.

Dans la seconde partie de cet ouvrage, les jeunes
personnes verront l'application qu'elles doivent faire des
préceptes de la Rhétorique en s'exerçant dans les genres divers de composition dont nous leur donnons des
modèles. Un peu de méthode leur rendra bientôt ce

---

* Voir chapitre III.

travail facile et même agréable. Elles commenceront
par étudier leur sujet, c'est-à-dire par réfléchir sur
celui qu'elles veulent traiter; ensuite, elles choisiront
les idées qui vont le mieux au but qu'elles se proposent, elles les disposeront avec ordre; enfin elles s'effor-
ceront de leur donner la forme la plus convenable pour
produire l'effet qu'elles désirent. Ce sont là les principes généraux de toute composition : ceux qui s'appli-
quent à chaque genre en particulier ne sont à vrai dire
que des nuances, des modifications des premiers.

Enfin ces éléments de Logique et de Rhétorique seront d'une utilité pratique incontestable pour les jeunes
personnes si, comme nous l'espérons, ils leur rendent
plus facile l'acquisition de ce précieux avantage : *penser, raisonner juste*, et *parler toujours convenablement*.

Questionnaire.

Que dénote la possession de cette précieuse qualité : ne dire
que ce qu'il faut ? — La Rhétorique n'a-t-elle pas pour but
principal d'enseigner à bien dire ? — De quelle utilité sont
pour les jeunes personnes les principes de la Logique et de la
Rhétorique ?—Quel est le caractère propre de la Langue française ? — A quoi doit-elle principalement ce caractère ? —
Dites quelques mots sur les trois divisions de la Rhétorique :
l'Invention, la Disposition, l'Élocution. — Indiquez les principes généraux applicables à tous les genres de composition.
— Rappelez le but final de cet ouvrage.

ÉLÉMENTS DE LOGIQUE.

NOTIONS PRÉLIMINAIRES.

Ce que c'est que la Logique.

Avant d'apprendre *à bien dire* et à développer convenablement les sujets qu'on veut traiter, ce qui est l'objet de la *Rhétorique*, il faut d'abord apprendre à *raisonner juste*. Cette science est la *Logique*. Elle a pour objet de déterminer les règles que doit suivre l'esprit humain dans la recherche ou la démonstration de la vérité. C'est *l'art de penser*.

Pour raisonner juste, en effet, il faut d'abord *penser*, *réfléchir*. C'est notre âme qui pense ; notre âme, cet être distinct de notre corps, ainsi que la foi l'enseigne et que le démontre la raison.

Propriétés de l'âme.

L'âme a ses *propriétés*, dont la plus étendue est le *sentiment*, la faculté de sentir. Le sentiment est de deux sortes, l'un est *immédiat*, l'autre *médiat*.

Le *Sentiment immédiat* est l'impression produite immédiatement sur nos sens par les objets extérieurs.

Le *Sentiment médiat* est la réflexion intime que nous faisons sur l'impression que nous avons reçue par le sentiment immédiat.

Les Sens.

On nomme *Sens* les diverses facultés par le moyen desquelles nous nous mettons en rapport avec le monde extérieur. Les sens se réduisent à cinq : la *vue*, l'*ouïe*, le *goût*, le *toucher*, et l'*odorat*. Le mécanisme des organes de nos sens est une des plus grandes merveilles de la création. Le cerveau paraît être le centre où aboutissent les nerfs, par lesquels se perçoivent toutes les sensations. C'est par ces sensations que nous connaissons tous les corps présents; quant à ceux qui sont absents, nous en avons la connaissance par le souvenir des sensations qu'ils ont produites sur nous.

Division de la Logique en quatre parties.

L'usage a consacré, depuis Aristote, une division de la Logique en quatre parties, dont la première a pour objet les *Idées;* la seconde, le *Jugement;* la troisième, le *Raisonnement;* la quatrième, la *Méthode.*

Questionnaire.

Qu'est-ce que la Logique? — Que faut-il faire pour parvenir à raisonner juste? — Le Sentiment n'est-il pas l'un des principales propriétés de l'âme? — Qu'est-ce que le sentiment immédiat? — Le sentiment médial? — Qu'est-ce que les facultés qu'on nomme Sens? — Comment divise-t-on la Logique?

CHAPITRE 1er.

DES IDÉES.

Définition du mot Idée.

Pour définir ce mot *Idée*, nous verrons, en nous arrêtant un instant à le considérer, que nous l'employons pour exprimer une manière de connaître une chose qui nous permet de la distinguer de toute autre.

Caractères des Idées.

Les idées se caractérisent de différentes manières : si elles nous viennent à l'occasion d'objets qui tombent immédiatement sous la vue de l'esprit, ce sont des *perceptions* ;

Si elles se forment à la suite de perceptions partielles, ce sont des *conceptions* ;

Si elles se rapportent à des faits passés, ce sont des *souvenirs* ;

Si elles ne reposent sur aucune réalité, ce sont des *imaginations*.

En logique, *percevoir*, c'est se former l'idée d'un objet qui frappe immédiatement l'esprit ; *concevoir*, c'est créer une idée au moyen d'autres idées déjà acquises ; *se souvenir*, c'est avoir de nouveau présentes à l'esprit des idées de faits passés ; *imaginer*, c'est se représenter quelque chose qui n'existe que dans notre imagination.

Idées d'espèces différentes.

Les idées sont de différentes espèces, considérées dans leur *objet*, dans leur *nature* ou dans leur *origine*.

1° *Considérées dans leur objet* :

Les idées sont *physiques* si elles sont produites en nous par des objets matériels comme *le Soleil, la Lune, la Terre*, etc.

Elles sont *morales* si elles ont rapport à des faits

moraux. Exemples : *La modestie plaît, l'orgueil blesse.*

Elles sont *métaphysiques* si les faits sont de l'ordre rationnel. Exemples : *La cause, le résultat,* etc.

Les idées sont *individuelles* si les objets sont des individus. Exemples : *Pierre, Paul, César, Rome, Paris,* etc.

Elles sont *générales* si les objets sont des individus du même genre. Exemples : *Hommes, animaux, plantes,* etc.

2° Considérées dans leur nature :

Les idées sont *claires* si elles suffisent pour nous faire reconnaître les objets. Exemples : *Une rose, une plume, une prairie.*

Elles sont *obscures* si elles laissent dans l'esprit quelque incertitude relativement à l'objet qu'elles rappellent. Exemples : *Espace, immensité.*

Elles sont *vraies* si elles sont conformes aux objets qu'elles retracent : Exemples : *La tendresse maternelle, un froid intense.*

Elles sont *fausses* quand elles sont tout-à-fait différentes des objets. Exemples : Un chêne *souple* comme un roseau.

3° Considérées dans leur origine :

Si les idées nous viennent d'objets qui ont frappé nos sens, comme le son, la couleur, la saveur, elles sont *sensibles.*

Si elles arrivent à notre esprit par abstraction,

comme celles de beauté, de laideur, elles sont *abstraites*.

Si l'esprit s'applique aux objets, se représentant un monument, une forêt, etc., les idées qu'il s'en forme sont *adventices*.

Si les idées sont le résultat d'une création de l'esprit elles sont *factices*. Exemples : *Un cheval ailé, un bœuf aux cornes d'or.*

DES SIGNES DES IDÉES OU DU LANGAGE.

Langage, signe des Idées.

Les idées se manifestent au moyen de signes extérieurs *naturels* ou *artificiels* qui constituent le *langage*. On distingue cinq sortes de langages :

1° *Le langage d'action (les gestes).*

2° *Celui des sons articulés (les paroles).*

3° *Celui des sons inarticulés (les cris).*

4° *Celui des figures (statues, images, emblèmes).*

5° Enfin *le langage écrit.*

L'Écriture traduit le *langage parlé*; la *Peinture* et ses analogues traduisent le *langage d'action*.

La Musique traduit le langage des *sons inarticulés*. De sorte que le langage humain, en général, se divise en deux ordres :

1° *Le langage, expression directe et immédiate* de la pensée;

2° *Le langage, expression indirecte et médiate* de la pensée. C'est du langage des *sons articulés* ou de la parole qu'il s'agit ici.

Les paroles soit prononcées, soit écrites, expressions

des notions ou idées sont dites *termes* ou *mots*. Ces termes se divisent en *substantifs*, signes de notions de *substances; adjectifs*, signes de notions de *phénomènes; en verbes, prépositions, conjonctions*, signes de notions de *rapports*, etc., etc. *

Questionnaire.

Comment définit-on le mot *Idée?* — Comment se caractérisent les *idées?* — Quand prennent-elles le nom de *perceptions?* de *conceptions?* d'*imaginations?* —Qu'est-ce qu'on entend en Logique par : *percevoir, concevoir, imaginer?* — N'y a-t-il pas différentes espèces d'idées? — Les idées, considérées dans leur objet, ne sont-elles pas morales? physiques ou métaphysiques? individuelles ou générales? — Considérées dans leur nature, ne peuvent-elles pas être claires? obscures? vraies ou fausses? —Considérées dans leur origine, ne sontelles pas sensibles ou abstraites? adventices ou factices? — Comment se manifestent les idées? — Combien distingue-t-on de sortes de langages? — Le langage humain ne se divise-t-il pas en deux ordres?

CHAPITRE II.

DE LA MÉTHODE.

—

Avant de faire connaître les différentes opérations de l'esprit sur les idées, il est bon de voir quels moyens on emploie pour arriver à cette connaissance. Le principal est la *Méthode*.

* Il est inutile de parler du pronom qui représente le *nom*, du participe qui n'est qu'un *adjectif*, de l'adverbe qui n'est qu'un composé d'une *préposition* et d'un *substantif;* nous ne dirons rien non plus de l'interjection qui n'est qu'une phrase elliptique.

La *Méthode* est la marche que suit l'esprit humain dans la recherche ou la démonstration de la vérité. La nécessité et l'importance de la Méthode se démontrent par la nature même de notre esprit, qui, étant sujet à l'erreur, est soumis dans l'exercice de ses facultés à des lois dont il ne peut s'écarter sans risque de s'égarer. Or la Méthode n'est autre chose que ces lois converties en règles et suivies avec réflexion.

« *Si j'ai quelque avantage sur le commun des esprits*, disait Descartes , *je le tiens d'une méthode que j'eus le bonheur de trouver dans ma jeunesse.* »

Deux principes fondamentaux de la Méthode.

Les deux principes fondamentaux de la Méthode sont l'*Analyse* et la *Synthèse*.

Par l'*Analyse* ou *décomposition*, l'esprit décompose un tout en ses éléments pour les étudier l'un après l'autre.

Par la *Synthèse* ou *recomposition*, il réunit ce qu'il avait séparé par l'analyse, combine les idées, saisit les rapports. Ces deux opérations, dont l'une est l'inverse de l'autre, se retrouvent dans tout travail complet de l'intelligence, dans la formation et dans l'exposition de toute science.

Souvent les logiciens, donnant à l'un de ces deux procédés le nom de celui qui est supposé ouvrir la marche, appellent *méthode analytique* ou *analyse* celle qui s'élève, comme on dit, du *simple* au *composé*, du *particulier* au *général*, c'est-à-dire celle qui commence par l'*Analyse* et qui finit par la *Synthèse*.

De même, ils appellent *méthode synthétique* ou *synthèse* celle qui descend du *composé* au *simple*, du *général* au *particulier*, c'est-à-dire, celle qui débute par la *Synthèse* et qui finit par l'*Analyse*.

Mais en employant l'une ou l'autre Méthode, il faut également :

Aller toujours du *connu* à l'*inconnu*;

Concevoir nettement le point précis de la question ;

Écarter tout ce qui lui est inutile et étranger;

N'admettre pour vrai que ce qui l'est évidemment;

Éviter la précipitation et la prévention.

Analyse littéraire.

L'Analyse *littéraire* est la décomposition d'un morceau de littérature qu'on ramène à des pensées dépouillées de tout ornement, et mises à nu, afin d'en bien voir la justesse, la solidité et l'enchaînement. En ramenant ainsi les pensées à leur plus simple expression, on en connaît plus aisément la portée, et l'on voit quel art et quel soin les bons écrivains ont employés pour rendre leurs compositions agréables, pour toucher et pour convaincre.

Par la méthode synthétique comme par la méthode analytique, il est toujours essentiel de bien définir, de bien diviser, de bien classer. Parlons d'abord de la définition.

———

§ Ier. DE LA DÉFINITION.

Définir, c'est déterminer, à l'aide d'autres mots, dans quel sens on emploie un mot quelconque.

Définition naturelle. — Il y a une sorte de définition naturelle qui distingue un objet de ceux avec lesquels on pourrait le confondre par ses apparences extérieures ; elle ne s'applique qu'aux individus.

Exemples : *Paul* est ce génie sublime qu'on désigne souvent par cette seule qualification l'*Apôtre*.

David est ce roi d'Israël appelé souvent le *Prophète* roi, le *Psalmiste*.

Définition scientifique. — Il y a une autre définition qui pénètre dans son objet et le distingue par sa nature entre des objets analogues. Elle s'applique, non plus aux individus, mais aux espèces et aux genres. C'est la définition *scientifique*, la véritable définition. Exemple : le *loup* est un *chien sauvage*.

Dans toute proposition qui mérite le nom de définition, on peut remplacer le verbe *être* par le verbe *s'appeler*. Exemples : Un *triangle est* une surface terminée par trois lignes.

Un *cercle est* une surface plane terminée par une ligne courbe dont tous les points sont également distants d'un même point appelé centre.

Ce sont là des définitions ; car on peut dire : une surface terminée par trois lignes *s'appelle* un triangle.

Une surface terminée par une ligne courbe dont tous les points sont également distants d'un même point nommé centre *s'appelle* cercle.

Toute définition suppose une idée *complexe*; ce qui est *simple* ne se définit pas.

Règles d'une bonne Définition.

On impose ordinairement quatre règles à la définition; on veut qu'elle soit *claire, précise, réciproque, qu'elle renferme le genre prochain et la différence spécifique.*

De ces quatre règles, la première et la seconde sont oiseuses, et la troisième se trouve renfermée dans la quatrième qui seule doit être conservée. On peut l'appliquer aux exemples suivants :

Un roc est une masse de pierre très-dure qui tient à la terre.

La Sténographie est l'art d'écrire aussi vite que la parole au moyen de signes abrégés et conventionnels.

La réciprocité se trouve dans ces exemples où l'on peut transposer l'attribut à la place du sujet sans changer le sens de la définition, et dire :

Une masse de pierre très-dure qui tient à la terre est un roc.

L'art d'écrire aussi vite que la parole, au moyen de signes abrégés et conventionnels, est la Sténographie.

Ces définitions remplissent également la dernière condition. Ces mots *masse de pierre, art d'écrire,* indiquent l'idée générale, le genre prochain, c'est ce qu'on appelle le *grand terme*; et les mots *très-dure, qui tient à la terre, aussi vite que la parole,* indiquent l'idée particulière on la différence spécifique, c'est le *petit terme*. La définition est un grand moyen de précision ; elle retient l'esprit dans la question qu'il s'agit d'éclairer.

§ II. DE LA DIVISION.

La faiblesse de notre intelligence ne nous permet pas d'embrasser nettement d'un coup d'œil les différentes parties qui constituent un ensemble. Nous sommes donc obligés pour les bien connaître de les examiner successivement ; de là, la *Division*, c'est-à-dire la *distribution* d'un *tout* en *ses parties*, d'un *genre* en *ses espèces*.

La Division doit être *complète, distincte et opposée ; naturelle et immédiate*.

1° *Complète*, c'est-à-dire, n'omettant rien, et comprenant toute l'étendue du terme divisé. On ne pourrait pas diviser seulement les hommes en *blancs* et en *noirs*, parce qu'il y en a de *cuivrés*, de *bruns*, etc.

2° *Distincte et opposée*. Que ses membres ne rentrent pas les uns dans les autres.

3° *Naturelle*. Qu'elle s'établisse, si l'objet appartient au monde physique, là où il y a presque solution de continuité. Exemple : *L'isthme de Panama sépare les deux Amériques.*

Si l'objet appartient au monde intellectuel, on divisera les parties qui ont entre elles le moins de ressemblance et le plus de diversité. Ainsi, M. Guizot, dans son *Histoire de la Civilisation en France*, consi-

dère Charlemagne sous trois points de vue différents :
comme *conquérant*, comme *législateur*, comme *protecteur des sciences et des lettres*.

4° *Immédiate.* — La Division doit être *immédiate*,
c'est-à-dire qu'elle doit indiquer les parties principales
avant les parties secondaires. On trouve d'excellents
modèles de division dans les sermons de Bourdaloue.

§ III. DE LA CLASSIFICATION.

Ranger les objets d'après leur ressemblance dans
l'ordre le plus favorable soit à l'exercice de la mémoire,
soit surtout aux progrès de la science, c'est ce qu'on
appelle une *Classification.*

On distingue généralement deux sortes de *Classifications*, les unes dites *naturelles* parce qu'elles
sont plus particulièrement fondées sur les lois de la
nature ;

Les autres dites *artificielles*, parce qu'elles appartiennent plus spécialement au choix et aux créations
de l'esprit. Ces dernières classifications sont sans doute
les moins bonnes ; mais c'est une nécessité de s'en con-
tenter au début, et elles sont d'ailleurs l'unique
moyen d'arriver à découvrir les classifications naturelles. *

---

* La Classification botanique de M. de Jussieu, fondée sur
l'ensemble des caractères que présente l'organisation des végétaux, est *naturelle*. Elle divise comme on sait tous les végétaux
en trois grandes tribus ; lesquelles sont subdivisées en *classes*,
et ces classes le sont à leur tour en *ordres* ou *familles*, qui se
composent d'un nombre plus ou moins grand d'*individus*.

Questionnaire.

Qu'est-ce que la *Méthode?* — Quels en sont les deux principes fondamentaux ? — N'y a-t-il pas deux sortes de Méthodes? — Définissez la méthode *analytique.* — La méthode *synthétique?* — Quels sont les principes les plus importants de l'une et de l'autre méthode? — Qu'entend-on par l'Analyse *littéraire?* — Qu'est-ce que la *Définition?* — Ne distingue-t-on pas la définition *naturelle* et la définition *scientifique?* — Comment peut-on remplacer le verbe *être* dans une définition? — Quelle est l'utilité de la *Division?* — Quelles qualités doit-elle avoir ? — Ne doit-elle pas être *complète, distincte* et *opposée? naturelle? immédiate?* — Qu'entend-on par le mot *Classification?* — N'y a-t-il pas des classifications *naturelles?* et des classifications *artificielles?*

CHAPITRE III.

DU JUGEMENT.

—

Le Jugement.

Le *Jugement* est l'acte par lequel l'esprit affirme la convenance ou la disconvenance entre deux idées.

L'expression du Jugement soit *affirmative,* soit *négative* s'appelle *Proposition.*

La Proposition. Ses éléments.

En considérant la Proposition sous le rapport de ses éléments, on y distingue d'abord deux termes, 1° le *Sujet,* objet du jugement; 2° l'*Attribut* qualité, action, manière d'être attribuée au sujet ; et enfin un troisième terme, lien des deux autres, le *Verbe,* signe de l'affirmation. Exemples :

Dieu est bon. — *Il existe par lui-même.* — *Il a créé toutes choses.*

Proposition individuelle. — La *proposition*, considérée sous le rapport des caractères qu'elle présente, est *individuelle* ou *singulière* si le sujet ne désigne qu'un seul individu : *Le Soleil* brille.

Proposition particulière. — La proposition est *particulière* quand le sujet désigne plusieurs individus ou une espèce. Exemples :

Ce bataillon s'est distingué.

Cette sorte de plante croît dans les terrains humides et marécageux.

Proposition générale. — La proposition est *générale* quand elle désigne tous les individus d'une même espèce, d'une même catégorie. Exemples :

Le *Cygne* est jaloux de sa beauté.

L'Orateur s'anime à la vue d'un auditoire nombreux et attentif.

Proposition simple. — On dit de la proposition qu'elle est *simple* quand le sujet et l'attribut sont exprimés chacun par un seul mot : La *Vérité* est *une*.

Proposition composée. — La proposition est *composée* quand elle a plusieurs sujets ou plusieurs attributs. Exemples :

La *Géométrie*, l'*Astronomie* sont des sciences mathématiques.

Cette jeune personne est *obligeante* et *gracieuse*.

Proposition complexe. — La proposition est *complexe* quand on peut reconnaître, en l'analysant, qu'elle équivaut à une proposition principale accompagnée d'une ou de plusieurs propositions accessoires. Exemples :

Le Créateur, après avoir formé la terre, voulut qu'il existât un être capable de saisir son œuvre par la pensée, et l'homme naquit.

Il semble aux personnes peu instruites que les peuples dont les pieds sont tournés contre les nôtres sur le globe, ne devraient pas pouvoir se tenir debout et marcher.

Noms divers donnés à la Proposition.

Enfin la proposition, suivant l'usage auquel elle sert, reçoit différents noms tels que ceux de *principe*, *axiôme*, *théorème*, *problème*, *corollaire* qu'on trouve expliqués partout.

Questionnaire.

Qu'entend-on par le Jugement ? — Comment s'appelle l'expression du jugement ? — Quels sont les éléments de la Proposition ? — Quand est-ce que la Proposition est individuelle ? particulière ? générale ? simple ? composée ? complexe ? — Quels autres noms prend la Proposition d'après l'usage qu'on en fait ?

CHAPITRE IV.

DU RAISONNEMENT.

Définition du mot Raisonnement.

On entend en général par le mot *Raisonnement* une

opération de l'esprit par laquelle un jugement ou plusieurs jugements étant donnés, on en *déduit*, on en fait
sortir un autre jugement.

Deux manières de raisonner.

Il y a deux manières de raisonner, aller du *principe* à la *conséquence*, ou de la *conséquence* au *principe*; en d'autres termes, passer du *sens général* au
sens particulier, ou du *sens particulier* au *sens général*. Exemples :

Les grands talents sont *généralement admirés*.

L'attribut *généralement admirés* convient à tous les
grands talents : au grand orateur, au grand musicien,
au grand peintre. D'où il suit qu'on peut raisonner ainsi :
Les grands talents sont *généralement admirés*, donc
le grand orateur est *généralement admiré*, le grand
musicien est *généralement admiré*, etc. en tirant du
principe la conséquence.

Au contraire on remonte de la conséquence au principe quand on dit : Le grand orateur est *généralement admiré*; le grand peintre est *généralement admiré*, etc., donc les grands talents *sont généralement admirés*.

§ Ier. DE L'ARGUMENTATION.

La forme du raisonnement se nomme *Argumentation*.
On entend par ce mot l'ensemble des procédés par
lesquels on arrive à la *preuve*. Le but de l'argumentation est de rendre *évident* ou tout au moins *vraisemblable* ce qui est douteux.

L'Argumentation repose sur trois principes : *l'Induction, la Déduction, l'Autorité.*

1º L'*Induction* opère sur le jugement par voie d'*analogie*, ressemblance extérieure ou imparfaite entre les objets. Par l'Induction on s'élève de l'individu à l'espèce, de l'espèce au genre, du temps et du lieu présent à tous les temps et à tous les lieux.

2º La *Déduction* conduit d'un principe général à une conséquence particulière en montrant que cette conséquence est contenue dans le principe. C'est l'opération inverse de l'Induction. En effet, par la Déduction on descend du genre à l'espèce, de l'espèce à l'individu, de la généralité des temps et des lieux au temps et au lieu présent, et l'on arrive de la connaissance de plusieurs choses particulières à la connaissance d'une vérité générale.

3º L'*Autorité* agit selon le degré de confiance qu'on accorde au Témoignage. *

L'induction produit la *vraisemblance*, la déduction engendre la *certitude*, et le témoignage détermine la *croyance* à un degré tel qu'il entraîne le consentement et la volonté.

Ces principes constituent le fond même de l'argumentation, et ce fond ne varie pas quelle que soit la forme extérieure des arguments.

§ II. DU SYLLOGISME.

L'argument par excellence, la forme de toute déduction, c'est le *Syllogisme.*

---

* Voir plus bas, chapitre V.

Il se compose de trois propositions savoir : la *majeure* et la *mineure* qui prennent ensemble le nom générique de *prémisses*, et la *conséquence* qui sort nécessairement des deux autres.

La *Conséquence* ou *conclusion* doit être contenue dans les *prémisses*, et les *prémisses* doivent le faire voir. Exemple de Syllogisme : *Tout soldat peut devenir général. Paul est soldat ; donc Paul peut devenir général.*

Trois termes dans tout Syllogisme.

Il y a dans tout syllogisme trois termes importants. Tels sont, dans l'exemple ci-dessus, les trois mots *soldat*, *général*, *Paul.*

Celui de soldat qui comprend le plus d'individus est ce qu'on appelle le *grand terme* ;

Celui de Paul est le *petit terme* ;

Et celui de général qui comprend plus d'individus que le petit terme, mais moins que le grand, est le *terme moyen.*

Dans les compositions littéraires, l'écrivain cherche d'ordinaire à embellir le raisonnement ou du moins à le présenter sous des formes moins sèches et moins arides.

Ainsi au lieu du Syllogisme suivant :

Celui qui met toute sa confiance en Dieu, ne doit pas craindre les méchants ; or, je mets ma confiance en Dieu, donc je ne dois pas les craindre.

Racine a dit dans *Athalie :*

Celui qui met un frein à la fureur des flots,
Sait aussi des méchants arrêter les complots ;
Soumis avec respect à sa volonté sainte,
Je crains Dieu, cher Abner, et n'ai point d'autre crainte.

Il est important de s'exercer à ramener au Syllogisme les différents raisonnements cachés sous l'enveloppe élégante du style.

Le Syllogisme subit plusieurs altérations qu'on peut réduire à cinq : savoir : 1º l'*Enthymème*, 2º l'*Épichérème* *, 3º le *Prosyllogisme*, 4º le *Dilemme*, 5º le *Sorite*.

L'Enthymème.

1º L'*Enthymème*. — Veut-on abréger le syllogisme et donner par là plus de rapidité au raisonnement ; qu'on supprime une des trois propositions, on aura un *Enthymème* **. La proposition supprimée reste dans l'esprit.

Exemple : *Je veux acquérir des connaissances, donc j'étudierai.*

On distingue plusieurs formes d'Enthymèmes : l'*Induction*, l'*Exemple*, l'*Argument personnel*.

L'*Induction* *** qui énonce dans la première proposition un certain nombre de faits particuliers pour en tirer dans la seconde une conséquence générale. Exemple :

Mercure, Vénus, la Terre, la Lune, Mars, Jupiter, etc., ont deux mouvements, l'un de rotation, l'autre de translation ;

Donc toutes les planètes ont deux mouvements.

---

* Prononcez *Epikérème.*
** Enthymème vient du grec et signifie pensée dans l'esprit.
*** Voir ce qui est dit de l'*Induction,* page 31.

L'*Exemple* qui conclut de la relation des causes à la relation des effets. Dans cette forme d'argumentation, la seconde proposition est déduite de la première avec laquelle elle a un rapport *d'analogie, d'opposition ou de supériorité.*

D'analogie : On retrouve les pensées de l'ouvrier dans son œuvre; *ainsi retrouve-t-on les pensées de Dieu dans la nature.*

D'opposition : L'oisiveté est la mère de tous les vices; *donc le travail doit au contraire en être le préservatif, et le remède.*

De supériorité : Les païens ont su pardonner les injures; *donc à plus forte raison un chrétien ne doit pas être implacable dans ses haines.*

Dans le style littéraire la construction est un peu différente, on se sert de *si* et l'on supprime *donc.* Ex.:

Si les païens ont su pardonner les injures, *à plus forte raison un chrétien ne doit pas être implacable dans ses haines.*

Enfin *l'Argument personnel* est aussi un *Enthymème* qui oppose aux paroles actuelles d'un adversaire ses paroles ou sa conduite passée.

Oreste dit à Hermione qui lui reproche la mort de Pyrrhus :

..... Quoi! ne m'avez-vous pas,
Vous même, ici, tantôt ordonné son trépas?

RACINE, *Andromaque.*

L'Épichérème *.

2° *L'Épichérème* est un syllogisme dont chaque prémisse est immédiatement suivie de sa *preuve.*

Majeure. — Exemple : *Il faut aimer ce qui peut concourir au perfectionnement de l'humanité ; le bon sens suffit pour nous en convaincre.*

Mineure. — Or *les belles-lettres concourent au perfectionnement de l'humanité ; elles ornent l'esprit et adoucissent les mœurs.*

Conclusion. — Donc *il faut aimer et cultiver les belles-lettres.*

Nous répéterons ici ce que nous avons dit à la page précédente, savoir : que les écrivains, au lieu d'employer les formes rigoureuses et froides du syllogisme, diraient :

« Qui peut ne pas aimer les belles-lettres ? ce sont » elles qui perfectionnent et polissent l'humanité. L'a- » mour-propre et le bon sens suffisent pour nous les » rendre précieuses, et pour nous engager à les cul- » tiver. »

Le Prosyllogisme.

3° Le *Prosyllogisme* se compose de cinq *propositions* formant deux *syllogismes* enchaînés de telle sorte, que la *conclusion* du premier sert de *majeure* au second. Exemple :

Ce qui est simple ne peut périr par décomposition ;

Or l'esprit est simple :

---

* Vient du grec et signifie j'étends.

Donc l'esprit ne peut périr par décomposition ;
Or l'âme humaine est esprit :
Donc l'âme humaine ne peut périr par décomposition.

Le Dilemme.

4° Le *Dilemme* est un *double syllogisme* par lequel on place son adversaire dans la nécessité de choisir entre deux propositions dont la conclusion lui est également contraire. C'est un glaive à deux tranchants.

Tel est l'argument qu'emploie Mathan pour prouver qu'il faut faire périr Joas :

A d'illustres parents, s'il doit son origine,
La splendeur de son rang doit hâter sa ruine ;
Dans le vulgaire obscur si le sort l'a placé,
Qu'importe qu'au hasard un sang vil soit versé ?

RACINE, *Athalie.*

Autre exemple :

Un général disait à une sentinelle avancée qui avait laissé surprendre son camp par l'ennemi :

« Ou tu étais à ton poste, ou tu n'y étais pas ; si tu
» étais à ton poste, tu as agi en traître ; si tu n'y étais
» pas, tu as enfreint la discipline ; donc tu mérites la
» mort. »

Érasme offre un dilemme puissant lorsqu'il dit à certains philosophes de son temps :

« Si la philosophie vous a faits ce que vous êtes, c'est
» une peste ; si elle n'a pu vous changer, c'est une
• chimère. »

Le Sorite.

5° Le *Sorite* est un *raisonnement* composé de plusieurs propositions agencées de manière que *l'attribut* de la première devient le *sujet* de la seconde, l'*attribut* de la seconde le *sujet* de la troisième, et ainsi de suite jusqu'à ce que l'on atteigne la *conséquence* de cet ensemble de *propositions*. Exemple :

L'ambitieux est *insatiable dans* ses désirs ;

Celui qui est insatiable dans ses désirs est *malheureux ;*

Celui qui est malheureux est *digne de pitié ;*

Donc l'ambitieux est *digne de pitié.*

Questionnaire.

Qu'est-ce qu'on entend par le mot Raisonnement? — N'y a-t-il pas deux manières de raisonner? — Quel nom prend la forme du Raisonnement? — Sur quels principes repose l'Argumentation? — Qu'est-ce que l'Induction? la Déduction? l'Autorité? — Quel est l'argument par excellence? — De quoi se compose le Syllogisme? — Quels sont les trois termes du Syllogisme? — Quelles sont les cinq formes différentes du Syllogisme? — Définissez l'Enthymème? — Combien de formes d'Enthymèmes?—1. L'Induction?—2. L'Exemple?—3. L'Argument personnel? — Qu'est-ce que l'Épichérème? — Le Prosyllogisme? — Le Dilemme? — Le Sorite?

CHAPITRE V.

DES SOPHISMES. — DE LA CERTITUDE EN GÉNÉRAL; DES MOTIFS DE JUGEMENTS.

—

§ Ier. Des Sophismes.

Un argument qui pèche contre les règles du raisonnement s'appelle *Paralogisme* s'il est le produit de l'erreur ; mais lorsqu'il est dû à la mauvaise foi et qu'il se présente sous une forme captieuse, on le flétrit du nom de *Sophisme*.

Principales causes des Sophismes.

Il y a bien des sophismes ; tous les préjugés, toutes les erreurs exploitées par la mauvaise foi, la passion, le mensonge et l'esprit de subtilité peuvent donner lieu à autant de sophismes. Parmi les principales causes qui les occasionnent, les logiciens distinguent celles qui suivent :

1° *L'ignorance du sujet.* C'est lorsqu'on prouve contre son adversaire ce qu'il ne nie pas, ou ce qui sort de la question.

2° *La pétition de principe.* Elle consiste à supposer prouvé ce qui est précisément en question.

Exemple : Pourquoi l'opium fait-il dormir?

C'est parce qu'il a une vertu *dormitive.*

3° *Le cercle vicieux.* Manière défectueuse de raisonner qui fait qu'on suppose d'abord ce qu'on doit prouver, et qu'on donne ensuite pour preuve ce qu'on a supposé. Il diffère peu de la pétition de principe. Exemple du cercle vicieux : *Vous ne pouvez pas oublier un tel bienfait. Donc vous ne l'oublierez pas.*

4° *L'ignorance de la cause.* C'est lorsqu'on prend pour cause ce qui ne l'est pas; comme serait d'attribuer à l'apparition d'une comète un événement fâcheux, un malheur public.

5° *Le dénombrement imparfait.* Il fait tirer une conséquence générale d'une division incomplète.

Exemple : Les Français sont *blancs*, les Italiens sont *blancs*, les Anglais sont *blancs; donc tous les hommes sont blancs.*

6° *Juger des choses d'après des faits accidentels.* C'est-à-dire conclure du particulier au général, comme J.-J. Rousseau, qui condamnait la médecine à cause de l'ignorance de quelques médecins.

Moyen de résoudre les Sophismes.

Il n'est qu'un moyen de résoudre les Sophismes, mais ce moyen est infaillible ; il consiste 1° *à rapprocher la conclusion du principe* pour voir si la conséquence est contenue dans les prémisses *; 2° *à observer* si dans chacune des prémisses le *moyen terme* garde une signification *identique; 3° à examiner* si la conclusion n'est pas prise dans un sens plus étendu que les prémisses.

L'application de ces règles fera apprécier avec certitude la valeur d'un raisonnement douteux.

§ II. DE LA CERTITUDE EN GÉNÉRAL.

La *Certitude* peut se définir l'adhésion complète de l'esprit à un jugement porté.

Un *jugement* est *certain* lorsqu'on est assuré qu'il énonce les rapports des choses tels qu'ils sont en effet.

Trois sortes de Certitudes.

On distingue trois sortes de Certitudes qui sont :

---

* Voir plus haut, page 82.

1° *La Certitude métaphysique*, qui s'appuie sur un principe si bien fondé que rien ne pourrait en affaiblir l'évidence ; comme par exemple l'existence de Dieu, l'immortalité de l'âme, l'estime qu'inspire la vertu, etc. ;

2° *La Certitude physique*, qui se rapporte aux objets physiques et qui repose sur le témoignage des sens. Ainsi nous sommes certains qu'une pierre jetée en l'air retombera sur la terre ;

3° *La Certitude morale ,* qui repose sur les lois du monde moral, et en particulier sur le témoignage des hommes ; telle est la certitude historique.

§ III. DES MOTIFS DE JUGEMENTS.

On s'est accordé à réduire à six les divers motifs de jugements.

1° *L'Évidence.* C'est la perception claire et immédiate de la convenance ou de la disconvenance des choses entre elles. L'évidence est comme une vive lumière qui jaillit du sein de l'idée et qui éclaire l'esprit sur la nature de son objet.

Exemple : *Un tout est égal à ses parties prises ensemble.*

2° Le *Sentiment intime.* Il nous avertit des opérations et des affections de notre âme ; c'est pour ainsi dire la conscience de nous-mêmes. Ainsi nous sommes péniblement ou agréablement affectés et nous *le sentons.*

3° Le *Témoignage des sens.* Il doit avoir trois qualités : 1° *être d'accord avec la raison,* 2° *être constant et perpétuel,* 3° *être uniforme.* Ces trois conditions se trouvent dans l'exemple suivant : *Le spectacle de l'univers est pour nous une preuve frappante de l'existence de Dieu.*

4° *Le témoignage des hommes.* Il a pour objet les faits contemporains ou passés, publics ou particuliers, naturels ou surnaturels.

Mais pour être admis par la raison comme motif certain de jugements il faut :

1° *Que le fait soit possible.* Un fait absurde qui contredirait les lois de la raison n'aurait pas même besoin d'être vérifié. Il faut d'ailleurs, sur ce point être très-circonspect, et ne pas qualifier d'absurde à la légère ce qui peut n'être qu'invraisemblable ;

2° *Que le témoin n'ait pas pu être trompé.* Qu'il ait été à même de bien voir, et qu'aucune passion n'ait pu troubler son jugement ;

3° *Qu'il n'ait pas voulu tromper.* La moralité du témoin, les circonstances dans lesquelles il s'est trouvé, l'intérêt qu'il pouvait avoir à dire ou à déguiser la vérité sont autant de motifs qu'il faut apprécier pour juger du plus ou du moins de certitude de son témoignage ;

4° *Que le témoin exprime clairement sa pensée,* et qu'on la comprenne de même.

En effet pour que le témoignage des hommes devienne une certitude il faut n'avoir à redouter de la part du témoin ni l'*erreur,* ni la *mauvaise foi,* ni les *équivoques* du *langage.*

5° La *mémoire* est aussi un motif certain de croire à l'existence des faits lorsqu'on se les rappelle d'une manière positive.

3

6º. Enfin *l'analogie* * est encore un motif de certitude.

Mais pour que ce motif soit suffisant, il faut qu'on puisse saisir beaucoup de rapports essentiels entre la chose observée ou connue et celle qui ne l'est pas ; aussi l'analogie n'est-elle un motif certain que dans quelques circonstances.

§ IV. CAUSES DES FAUX JUGEMENTS.

La cause première des faux jugements est *la faiblesse* de l'intelligence et *l'imperfection* des moyens de connaître.

« L'esprit de l'homme est limité, a dit Malebranche, et tout esprit limité est par sa nature sujet à l'erreur. »

Il en faut conclure non que l'homme ne puisse pas connaître la vérité, mais qu'il lui est difficile d'écarter entièrement l'erreur de son esprit.

Une règle générale pour ne pas errer dans ses jugements, c'est de s'abstenir de juger toutes les fois que la vérité n'apparaît pas clairement.

Mais diverses causes font enfreindre cette règle :

La difficulté de bien conduire les opérations de l'intelligence ;

La paresse naturelle de l'esprit et le défaut d'attention ;

La précipitation dans les jugements ;

Les préjugés ;

La passion, et *l'intérêt* sont encore autant de sources funestes d'où résultent une foule de méprises, de

---

* Voir page 31.

désordres et de malheurs pour les peuples comme pour les individus.

Une *sage lenteur* dans l'examen des différents objets, une *discussion calme* des opinions que la coutume, l'éducation, l'autorité ont établies, *un soin particulier* à maîtriser ses passions, à restreindre dans de justes bornes le ministère des sens et à réprimer les écarts de l'imagination, tels sont les préservatifs contre les faux jugements.

RÉSUMÉ DES ÉLÉMENTS DE LOGIQUE.

En résumé, cet aperçu de la *Logique* nous démontre que nous avons la faculté de *connaître*, et que nous possédons des moyens dont le *bon usage* nous conduit infailliblement à *la vérité :* —Sur les *faits*, par l'*analyse* qui décompose, par la *synthèse* qui recompose au moyen du *langage* dont les termes doivent être *définis;*—Sur les *lois*, par la *comparaison*, la *classification* et l'*induction* qui suit la *déduction*. Nous reconnaissons aussi que faute d'employer ces moyens pour arriver à la vérité, nous tomberions dans *l'erreur* contre laquelle il n'y a, *humainement* parlant, d'autres préservatifs qu'un *cœur droit*, ami de la vérité, et *la volonté* ferme de ne se rendre qu'à *l'évidence*.

La *volonté* est l'une des plus précieuses facultés de notre être. C'est elle qui dit à la main : *soulève ce poids ;* à l'intelligence : *voilà ce que tu dois chercher à comprendre ;* à la conscience enfin : *voilà le sacrifice que tu vas faire au devoir.*

La volonté donne une impulsion plus vive et plus

forte à nos facultés intellectuelles. C'est le plus puissant de tous les leviers.

Questionnaire.

Qu'est-ce qu'un sophisme? — Quelle distinction fait-on entre un paralogisme et un sophisme? — Quelles sont les principales causes des sophismes? — Qu'entend-on par l'ignorance du sujet, la pétition de principe, le cercle vicieux, l'ignorance de la cause, le dénombrement imparfait? — Qu'est-ce que juger des choses d'après des faits accidentels? — Quel moyen a-t-on pour résoudre les sophismes? — Comment définit-on la certitude? — Ne distingue-t-on pas trois sortes de certitudes? — Qu'est ce que la certitude métaphysique? physique? morale? — Quels sont les divers motifs sur lesquels se fondent nos jugements? — Ne sont-ce pas les six motifs suivants : 1. *L'évidence;* — 2. *Le sentiment intime;* — 3. *Le témoignage des sens;* — 4. *Le témoignage des hommes?* — A quelles conditions est-il admis? — 5. *La mémoire;* — 6. *L'analogie?* — Quelles sont les causes des faux jugements des hommes? — Quels sont les moyens d'y remédier? — Comment peut-on résumer ces éléments de Logique?

FIN DES ÉLÉMENTS DE LOGIQUE.

RHÉTORIQUE.

Ce que c'est que la Rhétorique.

La *Rhétorique* est l'art de *bien dire* ou de parler de chaque chose d'une manière convenable. Son but est de guider le talent de l'orateur ou de l'écrivain. L'Éloquence, fruit du génie, est l'art de communiquer aux autres les sentiments, les émotions qu'on éprouve ; c'est une puissance *créatrice* et antérieure à toutes les règles. La Rhétorique n'est qu'une théorie, une réunion de préceptes que doit observer l'orateur ; c'est une puissance *conductrice*.

On divise ordinairement la Rhétorique en trois parties : l'*Invention*, la *Disposition*, et l'*Élocution*.

Ces trois divisions formeront la première partie de notre ouvrage; la seconde indiquera l'usage, l'application des préceptes contenus dans la première.

Questionnaire.

Qu'est-ce que la Rhétorique? — Comment la divise-t-on?

Première Partie.

CHAPITRE Iᵉʳ.

L'INVENTION.

Quelque sujet qu'on traite, il faut d'abord se le re-

présenter de manière à en bien saisir l'ensemble et à
prévoir les principaux développements dont il est susceptible, c'est ce qu'on appelle l'*Invention*. L'orateur a
pour but de convaincre et de persuader ; l'invention
oratoire lui en fournit trois moyens : *prouver, plaire
et toucher*. *Prouver*, en montrant la vérité de ce qu'il
avance ; *plaire*, en gagnant l'estime et la bienveillance
de ses auditeurs ; *toucher*, en leur inspirant des sentiments conformes au but qu'il se propose. Ces trois
grands moyens de l'invention oratoire ne sont pas toujours nécessaires, un seul suffit quelquefois.

On instruit, on prouve par les *arguments*, on plaît
par les *mœurs*, on touche par les *passions*.

§ Ier. LES ARGUMENTS.

Les arguments sont la partie la plus essentielle de
l'art oratoire. On les subdivise en *preuves* ou *arguments*
proprement dits, et en *lieux communs*.

1° Les *Preuves* ou arguments proprement dits sont
les moyens propres à persuader ou à dissuader. Ce sont
les raisons sur lesquelles s'appuie l'orateur pour démon-
trer la vérité.

Les preuves sont *intrinsèques*, c'est-à-dire tirées du
sujet même ; ou *extrinsèques*, c'est-à-dire empruntées
à des circonstances étrangères au sujet.

Il est important de distinguer chaque sorte de preuves, et surtout d'en sentir la différence.

Racine dans la tragédie de *Britannicus* nous fournit
un exemple des unes et des autres. Burrhus voulant
engager Néron à se réconcilier avec Britannicus, em-

ploie d'abord pour l'y déterminer ces preuves intrinsèques :

Et ne suffit-il pas, seigneur, à vos souhaits,
Que le bonheur public soit un de vos bienfaits?
C'est à vous à choisir, vous êtes encor maître;
Vertueux jusqu'ici, vous pouvez toujours l'être.
Le chemin est tracé, rien ne vous retient plus;
Vous n'avez qu'à marcher de vertus en vertus.
Mais si de vos flatteurs vous suivez la maxime,
Il vous faudra, seigneur, courir de crime en crime,
Soutenir vos rigueurs par d'autres cruautés,
Et laver dans le sang vos bras ensanglantés.
Britannicus mourant excitera le zèle
De ses amis tout prêts à prendre sa querelle ;
Ces vengeurs trouveront de nouveaux défenseurs,
Qui, même après leur mort, auront des successeurs.
Vous allumez un feu qui ne pourra s'éteindre.
Craint de tout l'univers, il vous faudra tout craindre,
Toujours punir, toujours trembler dans vos projets,
Et pour vos ennemis compter tous vos sujets.

Burrhus poursuit son discours par les preuves extrinsèques suivantes :

Ah! de vos premiers ans, l'heureuse expérience
Vous fait-elle, seigneur, haïr votre innocence?
Songez-vous au bonheur qui les a signalés?
Dans quel repos, ô ciel! les avez-vous coulés?
Quel plaisir de penser et de dire en vous-même :
« Partout, en ce moment, on me bénit, on m'aime;
» On ne voit point le peuple à mon nom s'alarmer ;
» Le ciel dans tous leurs pleurs ne m'entend point nommer ;
» Leur sombre inimitié ne fuit point mon visage ;
» Je vois voler partout les cœurs à mon passage ! »
Tels étaient vos plaisirs. Quel changement, ô dieux !
Le sang le plus abject vous était précieux.
Un jour, il m'en souvient, le sénat équitable
Vous pressait de souscrire à la mort d'un coupable ;
Vous résistiez, seigneur, à leur sévérité;
Votre cœur s'accusait de trop de cruauté;

Et, plaignant les malheurs attachés à l'empire,
Je voudrais, disiez-vous, ne savoir pas écrire.

On voit par ces exemples que les preuves les plus solides et les plus fortes sont celles que l'orateur sait trouver dans la nature du sujet.

2° Les *Lieux communs* sont certains chefs généraux qui appartiennent à tous les genres de discours. Il y en a de deux espèces : les lieux communs *intérieurs* ou *intrinsèques* pris dans le sujet même, et les lieux communs *extérieurs* ou *extrinsèques* pris hors du sujet.

Les principaux lieux communs intérieurs peuvent être réduits à quatre : 1° la *définition*, 2° l'*énumération des parties*, 3° les *contraires*, 4° les *circonstances.*

1° La *Définition.* Nous entendons ici par ce mot la définition oratoire qui diffère de la définition philosophique ou morale, en ce que cette dernière est toujours simple et précise, tandis que la définition oratoire admet les traits essentiels, les circonstances, les ornements qui peuvent être favorables au sujet. Ainsi, tandis que le philosophe définit l'homme par ces trois mots : « un animal raisonnable, » Bossuet à l'aide de l'allégorie en donne cette sublime définition :

« O Dieu ! qu'est-ce que l'homme ? Est-ce un pro-
» dige ? est-ce un assemblage monstrueux de choses
» incompatibles ? est-ce une énigme inexplicable ? ou
» bien n'est-ce pas plutôt, si je puis parler de la sorte,
» un reste de lui-même ? une ombre de ce qu'il était
» dans son origine ? un édifice ruiné, qui, dans ses

» masures renversées, conserve encore quelque chose
» de la beauté et de la grandeur de sa première forme?
» Il est tombé en ruines par sa volonté dépravée; le
» comble s'est abattu sur les murailles, et les mu-
» railles sur les fondements : mais qu'on remue ces
» ruines, on trouvera, dans les restes de ce bâtiment
» renversé, et les traces des fondations, et l'idée du
» premier dessin et la marque de l'architecte. L'im-
» pression de Dieu y reste encore si forte qu'il ne peut
» la perdre, et tout ensemble si faible, qu'il ne peut
» la suivre. »

Écoutons maintenant J.-B. Rousseau; la poésie
comme l'art oratoire développe et embellit la définition :

> L'homme en sa course passagère
> N'est rien qu'une vapeur légère
> Que le soleil fait dissiper :
> Sa clarté n'est qu'une nuit sombre ;
> Et ses jours passent comme une ombre
> Que l'œil suit et voit échapper.

Citons enfin M. de Lamartine :

> L'homme est un dieu tombé qui se souvient des cieux.

2° L'*Énumération des parties.* Elle consiste à par-
courir les différentes parties d'un tout, les principales
circonstances d'un fait, les divers points de vue d'un
sujet.

Le premier chœur d'Athalie fournit un bel exemple d'énumération. Après avoir énoncé dans les deux
vers suivants l'idée générale (les bienfaits de Dieu) :

3.

Tout l'univers est plein de sa magnificence :
    Chantons, publions ses bienfaits.

Racine la développe ainsi :

  Il donne aux fleurs leur aimable peinture ;
    Il fait naître et mûrir les fruits ;
    Il leur dispense avec mesure
Et la chaleur des jours et la fraîcheur des nuits.
Le champ qui les reçut les rend avec usure.
Il commande au soleil d'animer la nature,
    Et la lumière est un don de ses mains :
    Mais sa loi sainte, sa loi pure
Est le plus riche don qu'il ait fait aux humains.

3° Les *Contraires*. Ils consistent à dire d'abord d'une personne ou d'une chose ce qu'elle n'est pas, pour frapper ensuite plus vivement les esprits en disant ce qu'elle est.

Ainsi Fléchier, pour préparer l'esprit de ses auditeurs à l'éloge qu'il va faire de M. Le Tellier, dit :

« Monsieur Le Tellier ne ressemble pas à ces âmes » oisives qui n'apportent d'autre préparation à leurs » charges que celle de les avoir désirées, qui mettent » leur gloire à les acquérir, non pas à les exercer ; qui » s'y jettent sans discernement, et s'y maintiennent » sans mérite ; et qui n'achètent ces vains titres d'oc- » cupation et de dignité que pour satisfaire leur or- » gueil et pour honorer leur paresse : il se fit con- » naître au public par l'application à ses devoirs, la » connaissance des affaires, l'éloignement de tout inté- » rêt, etc. »

Cicéron emploie les contraires quand il prouve par la vie antérieure de Roscius qu'il ne peut être coupable d'un crime dont on l'accuse.

Quelquefois on établit seulement un *contraste*, c'est ce que fait Racine lorsqu'il peint dans ces beaux vers les deux états opposés de Jérusalem :

Déplorable Sion, qu'as-tu fait de ta gloire?
Tout l'univers admirait ta splendeur.
Tu n'es plus que poussière, et de cette grandeur,
Il ne nous reste plus que la triste mémoire.
Sion, jusques au ciel élevée autrefois,
Jusqu'aux enfers maintenant abaissée,
  Puissé-je demeurer sans voix,
 Si dans mes chants ta douleur retracée
Jusqu'au dernier soupir n'occupe ma pensée.

4° Les *Circonstances*. On entend par *Circonstances* les particularités qui accompagnent une action, en considérant, par rapport à cette action, la personne qui l'a faite, ou les moyens qu'elle a pris pour la faire, les motifs qui l'y ont engagée, la manière dont elle l'a faite, et le temps où elle l'a faite. Les circonstances changent parfois la nature d'un acte, ou du moins elles en augmentent ou en atténuent l'importance ; ainsi Mithridate diminue la honte de sa défaite par le détail des circonstances qui l'accompagnèrent :

Je suis vaincu. Pompée a saisi l'avantage
D'une nuit qui laissait peu de place au courage.
Mes soldats presque nus, dans l'ombre, intimidés,
Les rangs, de toutes parts, mal pris et mal gardés,
Le désordre partout redoublant les alarmes,
Nous-mêmes contre nous tournant nos propres armes,
Les cris que les rochers renvoyaient plus affreux ;
Enfin toute l'horreur d'un combat ténébreux...
Que pouvait la valeur dans ce trouble funeste?
Les uns sont morts, la fuite a sauvé tout le reste ;
Et je ne dois la vie, en ce commun effroi,
Qu'au bruit de mon trépas que je laisse après moi,

Les lieux communs *extrinsèques* ou *extérieurs*, c'est-à-dire ceux qui sont pris hors du sujet, ne sont pas les mêmes pour toutes les espèces de discours.

Les livres saints, les Pères de l'Église, les canons des conciles sont les lieux communs propres à l'orateur de la chaire ; l'orateur du barreau a les lois, les ordonnances, les aveux, les serments, les témoins ; l'orateur politique puise ses lieux communs dans l'histoire, dans le droit de la nature et des gens, dans les traités de paix et d'alliance et dans les lois des différents peuples.

Les anciens rhéteurs ont beaucoup vanté les lieux communs, et pourtant il est vrai que s'ils ajoutent parfois à la force des raisonnements, ils ne servent le plus souvent qu'à réduire sous certains chefs les parties d'un discours ; les disciples de l'éloquence ne doivent pas les dédaigner ; mais qu'ils se persuadent bien que la meilleure manière de traiter un sujet sera toujours de le méditer à fond, et de le considérer attentivement sous toutes ses faces avant de parler ou d'écrire.

§ II. DES MŒURS ET DES PASSIONS ORATOIRES.

Le parfait orateur doit être vertueux. Les anciens l'ont défini : « Un homme de bien ayant le talent de la parole. » Les vertus de l'orateur constituent ses *mœurs réelles* qu'il retrace ou qu'il simule dans ce qu'on appelle ses *mœurs oratoires*.

L'orateur qui ne donne pas de lui une opinion honorable court risque d'échouer, même avec tous les autres moyens de persuasion. Ce précepte de Boileau lui convient aussi bien qu'au poète :

Que votre âme et vos mœurs, peintes dans vos ouvrages,
N'offrent jamais de vous que de nobles images.

(*Art poétique.*)

Il n'est point de genre littéraire où ce parfum de probité et de vertu ne puisse communiquer aux pensées et au style un charme indéfinissable que le talent seul ne saurait donner. C'est là ce qui a fait chérir de toute l'Europe, et ce qui fera toujours aimer les ouvrages du bon Rollin. Il semble n'avoir cherché dans le récit des faits de l'histoire qu'une occasion de salutaires conseils, qu'un moyen de nous rendre meilleurs et plus heureux. « Il a, dit M. de Châteaubriand, répandu sur les crimes des hommes le calme d'une conscience sans reproche, et la charité d'un apôtre. »

Les rhéteurs, comme les philosophes, nomment *passions* ces mouvements vifs et impétueux qui nous portent vers un objet ou qui nous en détournent. C'est aux passions qu'il faut avoir recours pour achever l'œuvre de la persuasion ; elles fournissent à l'orateur un puissant moyen d'entraînement, c'est par elles que Démosthènes a régné à la tribune d'Athènes, Cicéron à Rome, et Massillon dans nos temples.

L'amour et la haine, qui comprennent les deux rapports de notre âme avec le bien et le mal, sont le fond de toutes les autres passions, la joie, la pitié, la terreur, l'indignation, la colère, etc.

Quant à l'art d'exciter les passions, la règle la plus importante c'est d'être soi-même vivement touché, soit par un sentiment réel et profond, ou par une imagination forte qui supplée au sentiment : « *pleurez si vous*

voulez que je pleure, *tremblez et frémissez* si vous
voulez me faire trembler et frémir, » telle est la loi
qu'ont dictée comme de concert tous les grands
maîtres.

Cicéron ne donne point à cet égard de préceptes à
l'orateur, il lui conseille seulement de se livrer aux
inspirations de son âme ; c'est qu'en effet on ne parvient pas à sentir par système ni par règles. La sensibilité de l'âme est un don de la nature et non un effet
de l'art. L'unique usage des règles est d'empêcher que
l'orateur ou l'écrivain ne tombe dans des fautes de
goût en voulant employer les passions. Il devra observer
d'abord si le sujet comporte le *pathétique*, car les
grands mouvements ne conviennent pas aux choses de
peu d'importance. Le pathétique est la propriété d'é-
mouvoir. Quand il est faux, outré ou affecté, on lui
donne par ironie le nom de *pathos*. Racine fait sentir
le ridicule du mauvais emploi des passions dans les vers
suivants de la comédie des *Plaideurs* où l'avocat, parlant pour un chien qui a mangé un chapon, commence
son plaidoyer par ce grave début, traduit de Cicéron :

Messieurs, tout ce qui peut étonner un coupable,
Tout ce que les mortels ont de plus redoutable,
Semble s'être assemblé contre nous par hasard :
Je veux dire la brigue et l'éloquence ; car, etc.

Cet exorde est soutenu par des traits risibles d'une
véhémence déplacée :

Qu'arrive-t-il, messieurs? On vient. Comment vient-on?
On poursuit ma partie ; on force une maison.
Quelle maison ? Maison de notre propre juge.
On brise le cellier qui nous sert de refuge ;

De vol, de brigandage ou nous déclare auteurs;
On nous traîne, on nous livre à nos accusateurs.

Nulle critique ne pourrait mieux faire sentir le ridicule exprimé dans ces vers.

L'orateur, lors même que la nature de son sujet lui donne lieu de mettre en jeu les passions, doit prendre garde à ne pas s'y jeter brusquement et sans préparation. Il doit avoir soin aussi de ne pas insister trop longtemps sur ces mouvements oratoires. Celui qui ne sait pas s'arrêter à propos fatigue au lieu de toucher.

Questionnaire.

Qu'entend-on par l'Invention ?—Quel est le but de l'orateur? — Quels sont ses moyens ? — Qu'appelle-t-on preuves ou arguments proprement dits? — Qu'appelle-t-on preuves intrinsèques et extrinsèques? — Qu'entend-on par lieux communs ? — Combien d'espèces de lieux communs? — Quels sont les principaux lieux communs intérieurs et extérieurs ?—Remarque sur les lieux communs. — Qu'entend-on par mœurs oratoires, passions oratoires?— Règles à suivre, défauts à éviter dans l'emploi des passions oratoires.

CHAPITRE II.

—

DE LA DISPOSITION.

La *Disposition* dans l'art oratoire consiste à mettre dans un ordre convenable, selon la nature et l'intérêt du sujet, toutes les parties fournies par l'Invention. La fécondité de l'esprit brille dans l'Invention, la prudence et le jugement règlent une bonne Disposition.

Trois conditions essentielles sont imposées en général à la Disposition : 1° *L'unité du sujet* : on ne doit jamais s'écarter de l'idée principale ; 2° *La séparation des parties* : quoique liées entre elles par l'unité du sujet, elles doivent être distinctes et ne pas rentrer les unes dans les autres ; 3° La *gradation* : les diverses parties doivent se succéder dans un ordre tel que l'intérêt aille toujours croissant.

Ces principes peuvent s'appliquer à quelque genre que ce soit, n'écrivît-on qu'une lettre, elle vaut la peine d'être disposée avec soin ; non pas qu'il faille l'écrire comme un traité de philosophie, ce qui lui ôterait le naturel et l'abandon qui font le charme principal du style épistolaire : mais il faut distinguer l'abandon et le naturel, du désordre et de là confusion ; et sans enchaîner rigoureusement ses idées, il faut les présenter dans un certain ordre et graduellement.

Les rhéteurs distinguent sept parties dans le discours oratoire : l'*Exorde*, la *Proposition*, la *Division*, la *Narration*, la *Confirmation*, la *Réfutation* et la *Péroraison*. Le plaidoyer seul exige toutes ces parties. L'oraison funèbre et le panégyrique n'admettent pas la Réfutation. L'Exorde et la Péroraison n'appartiennent en général qu'aux grands sujets.

§ 1. L'EXORDE.

L'*Exorde* est une espèce d'introduction qui prépare l'esprit des auditeurs, et qui a pour but de les rendre bienveillants et attentifs.

Le caractère de l'exorde dépend des lieux, des

temps, des mœurs ; l'orateur du barreau ou de la tribune ne parle pas comme l'orateur sacré. On distingue plusieurs sortes d'exordes :

1º L'*Exorde simple* qui consiste à exposer en peu de mots ce dont il s'agit. En voici un exemple, tiré de l'oraison funèbre du prince de Condé, par Bossuet :

« Au moment que j'ouvre la bouche pour célébrer la
» gloire immortelle de Louis de Bourbon, prince de
» Condé, je me sens également confondu, et par la
» grandeur du sujet, et, s'il m'est permis de l'avouer,
» par l'inutilité du travail. Quelle partie du monde ha-
» bitable n'a pas ouï les victoires du prince de Condé,
» et les merveilles de sa vie? On les raconte partout :
» le Français qui les vante n'apprend rien à l'étranger ;
» et quoi que je puisse aujourd'hui vous en rapporter,
» toujours prévenu par vos pensées, j'aurai encore à
» répondre au secret reproche que vous me ferez d'être
» demeuré beaucoup au-dessous. Nous ne pouvons
» rien, faibles orateurs, pour la gloire des âmes extraor-
» dinaires : le Sage a raison de dire que « leurs seules
» actions les peuvent louer : » toute autre louange
» languit auprès des grands noms; et la seule simpli-
» cité d'un récit fidèle pourrait soutenir la gloire du
» prince de Condé. Mais en attendant que l'histoire,
» qui doit ce récit aux siècles futurs, le fasse paraître,
» il faut satisfaire, comme nous pourrons, à la recon-
» naissance publique, et aux ordres du plus grand de
» tous les rois. »

2º L'*Exorde par insinuation* dont on fait usage lorsqu'on a lieu de craindre de la part des auditeurs

des dispositions peu favorables. Arons, ambassadeur de
Porsenna, voulant engager le sénat de Rome à recevoir
Tarquin, qui avait été chassé de cette ville, s'exprime
ainsi :

Consuls, et vous sénat, qu'il m'est doux d'être admis
Dans ce conseil sacré de sages ennemis ;
De voir tous ces héros dont l'équité sévère
N'eut jusques aujourd'hui qu'un reproche à se faire ;
Témoin de leurs exploits, d'admirer leurs vertus ;
D'écouter Rome enfin par la voix de Brutus !
Loin des cris de ce peuple indocile et barbare
Que la fureur conduit, réunit et sépare.

(VOLTAIRE, Brutus.)

3° L'*Exorde pompeux.* C'est celui qu'on emploie
lorsqu'il s'agit de louer un saint ou un autre personnage. Il est réservé, en général, à l'éloquence de la
chaire. Bossuet en offre un admirable modèle dans son
oraison funèbre de Henriette de France, reine d'Angleterre :

« Celui qui règne dans les cieux, et de qui relèvent
» tous les Empires, à qui seul appartient la gloire, la
» majesté et l'indépendance, est aussi le seul qui se
» glorifie de faire la loi aux rois, et de leur donner,
» quand il lui plaît, de grandes et de terribles leçons.
» Soit qu'il élève les trônes, soit qu'il les abaisse, soit
» qu'il communique sa puissance aux princes, soit
» qu'il la retire à lui-même, et ne leur laisse que leur
» propre faiblesse ; il leur apprend leurs devoirs d'une
» manière souveraine et digne de lui. Car, en leur
» donnant sa puissance, il leur commande d'en user
» comme il fait lui-même pour le bien du monde ; et il

» leur fait voir, en la retirant, que toute leur majesté est
» empruntée, et que, pour être assis sur le trône, ils
» n'en sont pas moins sous sa main et sous son auto-
» rité suprême. C'est ainsi qu'il instruit les princes,
» non-seulement par des discours et par des paroles,
» mais encore par des effets et par des exemples. Et
» maintenant entendez, ô grands de la terre ; instruisez-
» vous, arbitres du monde ! »

4° *L'Exorde véhément*. Il émeut les passions et
s'empare rapidement des dispositions de l'auditoire. A
cette espèce d'exorde peut se rapporter celui du missionnaire Bridaine, lorsque après avoir longtemps
exercé dans les campagnes son ministère évangéli-
que, il se fit entendre pour la première fois à Paris
devant la plus haute société de la capitale :

« A la vue d'un auditoire si nouveau pour moi, il
» semble, mes frères, que je ne devrais ouvrir la bou-
» che que pour demander grâce en faveur d'un pauvre
» missionnaire, dépourvu de tous les talents que vous
» exigez quand on vient vous parler de votre salut.
» J'éprouve cependant aujourd'hui un sentiment bien
» différent ; et si je suis humilié, gardez-vous de croire
» que je m'abaisse aux misérables inquiétudes de la
» vanité, comme si j'étais accoutumé à me prêcher
» moi-même ! A Dieu ne plaise qu'un ministre du ciel
» pense jamais avoir besoin d'excuse auprès de vous !
» car, qui que vous soyez, vous n'êtes tous comme
» moi, au jugement de Dieu, que des pécheurs. C'est
» devant votre Dieu et le mien que je me sens pressé
» dans ce moment de frapper ma poitrine. Jusqu'à

» présent j'ai publié les justices du Très-Haut dans des
» temples couverts de chaume; j'ai prêché les rigueurs
» de la pénitence à des infortunés qui manquaient de
» pain! j'ai annoncé aux bons habitants des campa-
» gnes les vérités les plus effrayantes de ma religion!
» Qu'ai-je fait? malheureux! J'ai contristé les pauvres,
» les meilleurs amis de mon Dieu! j'ai porté l'épou-
» vante et la douleur dans ces âmes simples et fidèles
» que j'aurais dû plaindre et consoler!

     » C'est ici, où mes regards ne tombent que sur des
» grands, sur des riches, sur des oppresseurs de l'hu-
» manité souffrante ou sur des pécheurs audacieux et
» endurcis; ah! c'est ici seulement, au milieu de tant
» de scandales, qu'il fallait faire retentir la parole sainte
» dans toute la force de son tonnerre, et placer avec moi
» dans cette chaire, d'un côté la mort qui vous me-
» nace, et de l'autre mon grand Dieu qui doit tous
» vous juger. Je tiens déjà dans ce moment votre sen-
» tence à la main. Tremblez donc devant moi, hom-
» mes superbes et dédaigneux qui m'écoutez! L'abus
» ingrat de toutes les espèces de grâces, la nécessité
» du salut, la certitude de la mort, l'incertitude de
» cette heure si effroyable pour vous, l'impénitence
» finale, le jugement dernier, le petit nombre des élus,
» l'enfer, et par-dessus tout, l'éternité! l'éternité! Voilà
» les sujets dont je viens vous entretenir, et que j'au-
» rais dû sans doute réserver pour vous seuls. Eh!
» qu'ai-je besoin de vos suffrages, qui me dam-
» neraient peut-être sans vous sauver? Dieu va vous
› émouvoir, tandis que son indigne ministre vous par-

» lera ; car j'ai acquis une expérience de ses miséri-
» cordes. C'est lui-même, c'est lui seul qui, dans quel-
» ques instants, va remuer le fond de vos consciences.
» Frappés aussitôt d'effroi, pénétrés d'horreur pour
» vos iniquités passées, vous viendrez vous jeter entre
» les bras de ma charité, en versant des larmes de
» componction et de repentance ; et à force de re-
» mords, vous me trouverez assez éloquent. »

5° Enfin l'*Exorde ex-abrupto*. C'est celui où l'on
entre brusquement en matière. Lorsque l'âme des auditeurs est déjà sous l'impression d'une vive douleur,
d'une indignation violente ou d'une grande joie, l'orateur ne risque rien d'éclater en commençant.

Ainsi la dernière fois que Catilina parut au sénat,
tous les sénateurs, instruits de ses desseins criminels,
furent saisis d'indignation, et ceux qui se trouvaient
près de lui s'en éloignèrent avec horreur. Alors Cicéron, qui en sa qualité de consul présidait l'assemblée,
adressa au coupable ces foudroyantes paroles :

« Jusques à quand abuseras-tu de notre patience,
» Catilina ? combien de temps encore serons-nous le
» jouet de ta fureur ? jusqu'où s'emportera ton audace
» effrénée ? Quoi ! ni la garde qui veille la nuit sur le
» mont Palatin, ni les forces répandues dans la ville,
» ni la consternation du peuple, ni ce concours de
» tous les bons citoyens, ni le lieu fortifié choisi pour
» cette assemblée, ni les visages irrités de tous les sé-
» nateurs, rien n'a pu t'ébranler ! Ne sens-tu pas que
» tes complots sont dévoilés ? que ta conjuration est ici
» environnée de témoins, enchaînée de toutes parts ?

» Tes actions de la nuit dernière et de la précédente,
» le lieu de la réunion, ceux qui la composaient, les
» projets qu'on y a formés, crois-tu qu'aucun de nous
» les ignore? O temps ! ô mœurs ! ces complots le sé-
» nat les connaît, le consul les voit, et Catilina vit
» encore! il vit! que dis-je? il vient au sénat; il est
» admis aux conseils de la République ; il choisit parmi
» nous, il marque de l'œil ceux qu'il veut immoler! et
» nous..., etc., etc. »

Racine emploie aussi l'exorde *ex abrupto*, lorsqu'il
fait dire à Joad les vers suivants :

Où suis-je? de Baal ne vois-je pas le prêtre?
Quoi! fille de David, vous parlez à ce traître!
Vous souffrez qu'il vous parle, et vous ne craignez pas
Que du fond de l'abîme entr'ouvert sous vos pas,
Il ne sorte à l'instant des feux qui vous embrasent,
Ou qu'en tombant sur lui ces murs ne vous écrasent?
Que veut-il? De quel front cet ennemi de Dieu
Vient-il infecter l'air qu'on respire en ce lieu?

De même dans cet exemple :

.... Te voilà, séducteur,
De ligues, de complots, pernicieux auteur,
Qui dans le trouble seul as mis tes espérances.

(RACINE, Athalie.)

Cette espèce d'exorde ne doit s'employer qu'avec
beaucoup de ménagements, autrement il y aurait à
craindre que la suite du discours ne répondît pas au
début, et que l'impression produite d'abord ne s'affai-
blît ou ne s'effaçât.

§ II. LA PROPOSITION.

La *Proposition* est l'exposition simple, claire et précise du sujet que l'on va traiter. Elle doit être exempte

de toute affectation, et aussi succinte qu'il est possible. Telle est celle-ci de Massillon :

« Les exemples des grands roulent sur cette alterna-
» tive inévitable : *ils ne sauraient se perdre ni se sau-*
» *ver tout seuls.* Vérité capitale, qui va faire le sujet
» de ce discours. »

§ III. LA DIVISION.

Quand le sujet indiqué par la Proposition est complexe, il faut en énoncer avec netteté et précision toutes les parties réellement distinctes, c'est ce qu'on appelle la *Division.* Il ne doit pas y avoir en général plus de trois points dans un discours. D'autres genres de composition en peuvent comporter un plus grand nombre.

Sur ce texte : *Tout est consommé*, Massillon, dans son sermon sur la Passion, fait cette division remarquable :

« La mort du Sauveur renferme trois consomma-
» tions qui vont nous expliquer tout le mystère de ce
» grand sacrifice : une consommation de *justice* du
» côté de son Père; une consommation de *malice* de
» la part des hommes; une consommation d'*amour* de
» la part de Jésus-Christ. Ces trois vérités partageront
» ce discours, et l'histoire des ignominies de l'Homme-
» Dieu. »

Bourdaloue excelle dans cette partie de l'art oratoire. Ainsi dans un sermon sur la paix chrétienne, il établit cette division : *paix de l'esprit et paix du cœur.* Mais, dit-il, par où arrive-t-on à l'une et à l'autre? Par la *soumission à la foi* et par *l'obéissance à la loi.* En deux mots il faut que la foi gouverne notre esprit si nous voulons qu'il soit dans le calme (1re partie). Il faut que la loi de Dieu règne dans notre cœur, si nous voulons qu'il jouisse d'une paix solide (2me partie). (Viennent ensuite les subdivisions.)

La *Division* contribue à la clarté du discours; elle sert à démêler les questions principales; elle soulage non-seulement celui qui parle, mais encore ceux qui écoutent. — Chaque division d'un discours est ordinairement susceptible d'être subdivisée. La Proposition avec ses divisions et ses subdivisions forme ce qu'on appelle le *plan* du discours.

§ IV. LA NARRATION.

Le récit d'un fait, d'un événement constitue la *Narration* historique; mais la *Narration oratoire* ne se borne pas là : outre l'exposition du fait, elle a pour but de le présenter sous un jour favorable à sa cause; aussi, sans blesser la vérité, appuie-t-elle sur les circonstances les plus avantageuses, et glisse-t-elle légèrement sur celles qui pourraient être nuisibles; parfois même elle les passe sous silence. Ainsi fait Bossuet dans l'oraison funèbre du grand Condé, lorsqu'il parle de sa défection :

« Puisqu'il faut une fois parler de ces choses dont je
» voudrais pouvoir me taire éternellement, jusqu'à
» cette fatale prison, il n'avait pas seulement songé
» qu'on pût rien attenter contre l'État; et dans son
» plus grand crédit, s'il souhaitait d'obtenir des grâ-
» ces, il souhaitait encore plus de les mériter. C'est ce

» qui lui faisait dire : (je puis bien ici répéter devant
» ces autels les paroles que j'ai recueillies de sa bou-
» che, puisqu'elles marquent si bien le fond de son
» cœur;) il disait donc, en parlant de cette prison mal-
» heureuse, « qu'il y était entré le plus innocent de tous
» les hommes, et qu'il en était sorti le plus coupable.
» Hélas! poursuivait-il, je ne respirais que le service
» du Roi, et la grandeur de l'État! » On ressentait
» dans ses paroles un regret sincère d'avoir été poussé
» si loin par ses malheurs. Mais, sans vouloir excuser
» ce qu'il a si hautement condamné lui-même, disons,
» pour n'en parler jamais, que comme dans la gloire
» éternelle les fautes des saints pénitents, couvertes de
» ce qu'ils ont fait pour les réparer, et de l'éclat infini
» de la divine miséricorde, ne paraissent plus; ainsi,
» dans des fautes si sincèrement reconnues, et dans la
» suite si glorieusement réparées par de fidèles ser-
» vices, il ne faut plus regarder que l'humble recon-
» naissance du prince qui s'en repentit, et la clémence
» du grand Roi qui les oublia. »

La Narration oratoire doit avoir quatre qualités essentielles, la *clarté*, la *brièveté*, la *vraisemblance* et
l'*intérêt*.

Elle a quelquefois tout l'avantage d'un récit fidèle.
M. Molé, dans son discours de réception à l'Académie
française, a fourni un bel exemple de narration oratoire
en peignant ainsi la conduite de son illustre prédécesseur
à l'époque du choléra. « Au mois de février 1832, le fléau
» le plus épouvantable dont l'humanité puisse être at-
» teinte, le choléra, éclata parmi nous; aussitôt l'arche-

4

» vêque de Paris * reparaît à l'Hôtel-Dieu, pour la pre-
» mière fois ; il reparaît au milieu des malades et des
» mourants, entassés par la contagion. Ce n'est pas assez
» pour lui des secours si abondants que la charité
» chrétienne lui donne à distribuer, il y joint l'aban-
» don de son traitement, il veut que sa maison de
» Conflans devienne une maison de convalescents, et
» que le séminaire de Saint-Sulpice soit transformé en
» infirmerie. On le voit transporter des cholériques
» dans ses bras ; et si l'un deux qu'il bénissait lui
» crie : « *Retirez-vous de moi, je suis l'un des pillards*
» de l'archevêché ! » on l'entend lui répondre : « *Mon*
» *frère, c'est une raison de plus pour moi de me ré-*
» *concilier avec vous et de vous réconcilier avec*
» *Dieu !* » Enfin, messieurs, c'est dans les salles de
» l'Hôtel-Dieu, c'est en voyant tant de pères et de
» mères de famille précipités dans le tombeau, qu'il
» conçut l'idée de cette œuvre admirable *des orphe-*
» *lins du choléra.* Il fallait pour la fonder et en assu-
» rer l'avenir, inspirer de nouveaux efforts, demander
» à la charité publique de nouveaux sacrifices. M. de
» Quélen, voulut s'acquitter lui-même de cette mis-
» sion. On annonça qu'il prêcherait a Saint-Roch pour
» les orphelins du choléra ; pauvres et riches, toutes
» les classes de la population parisienne accoururent ;
» de longues files de voitures et des flots pressés de
» piétons assiégeaient les avenues du saint lieu où la
» voix du prélat allait rompre un silence gardé de-
» puis si longtemps. Messieurs, que cette scène dont

---

* Feu le vénérable M. de Quélen.

» tant de personnes conservent encore la mémoire, se
» fût passée au temps de saint Vincent de Paul ou de
» saint Charles Borromée, nous ne trouverions pas de
» pinceaux assez éclatants, de termes assez touchants
» pour en consacrer le souvenir ; laissons au passé
» toutes ses gloires, mais n'amoindrissons pas le temps
» présent ; l'avenir, soyez-en sûrs, lui rendra toute
» justice ; il n'oubliera pas cet archevêque de Paris
» rompant son ban, sortant de sa retraite pour de-
» mander à tous les pères, à toutes les mères, à tous
» ceux qui portent quelque pitié au cœur, d'adopter
» tant d'enfants auxquels le fléau venait d'enlever
» ceux que la nature leur avait donnés pour les nour-
» rir et les protéger. Serait-il vrai, messieurs, qu'il y
» eût pour tous les hommes dont la vie mérite qu'on
» la raconte un moment, une journée où ils arrivent au
» plus haut degré qu'il leur soit donné d'atteindre; où
» ils sentent, au plus intime comme au plus profond de
» leur âme, une sainte estime d'eux-mêmes qui ne
» saurait être surpassée? Tel, croirions-nous alors, au-
» rait été pour M. de Quélen le moment où descen-
» dant de la chaire, il vit cette foule l'entourer, l'é-
» touffer, pour ainsi parler, sous l'abondance de ses
» offrandes ; les femmes se dépouiller de leurs bijoux,
» lorsque leurs bourses étaient épuisées, et le pauvre
» lui-même livrer le denier dont il allait apaiser sa
» faim ; *trente-trois mille francs* furent ainsi versés
» dans ses mains, et peu de jours après, à Notre-Dame,
» il en recueillit encore autant; plus de mille orphelins
» lui ont dû d'être arrachés à la misère, et de recevoir

» les principes de la religion, les habitudes du travail
» qui font les hommes utiles et les bons citoyens. »

Le digne successeur de M. de Quélen, M. Affre, a fourni par sa mort un sujet sublime de narration.

§ V. LA CONFIRMATION.

La *Confirmation* est la partie du discours où l'orateur achève d'établir par une démonstration directe et spéciale, la preuve qu'il a déjà fait entrevoir dans l'Exorde, et préparée par la Narration. La Confirmation met tout en œuvre : pensées vives et brillantes, preuves irrécusables et pressantes, etc. Le choix, l'arrangement, la liaison des preuves, la manière de les traiter ou l'*amplification* sont autant de conditions nécessaires pour que la Confirmation remplisse son but.

Massillon est sublime, lorsque, accumulant les figures et les contrastes, il amplifie cette pensée si vraie : *qu'un prince que l'ambition porte à faire la guerre est un fléau pour l'humanité.*

« Sa gloire, dit-il, sera toujours souillée de sang :
» quelque insensé chantera peut-être ses victoires;
» mais les provinces, les villes, les campagnes en pleu-
» reront : on lui dressera des monuments superbes
» pour immortaliser ses conquêtes ; mais les cendres
» encore fumantes de tant de villes autrefois florissan-
» tes, mais la désolation de tant de campagnes dépouil-
» lées de leur ancienne beauté, mais les ruines de tant
» de murs sous lesquels des citoyens paisibles ont
» été ensevelis, mais tant de calamités qui subsiste-
» ront après lui, seront des monuments lugubres qui
» immortaliseront sa vanité et sa folie. Il aura passé

» comme un torrent pour ravager la terre, et non
» comme un fleuve majestueux pour y porter la joie
» et l'abondance : son nom sera écrit dans les annales
» de la postérité parmi les conquérants, mais il ne le
» sera pas parmi les bons rois; et l'on ne rappellera
» l'histoire de son règne que pour rappeler le souve-
» nir des maux qu'il a faits aux hommes. Ainsi *son or-*
» *gueil*, dit l'Esprit de Dieu, *sera monté jusqu'au*
» *ciel; sa tête aura touché dans les nuées; ses succès*
» *auront égalé ses désirs; et tout cet amas de gloire*
» *ne sera plus à la fin qu'un monceau de boue qui*
» *ne laissera après elle que l'infection et l'opprobre.* »

§ VI. LA RÉFUTATION.

Dans la *Réfutation*, l'orateur cherche à renverser,
ou tout au moins à ébranler l'édifice élevé par son
adversaire. Il n'attend pas toujours ses objections
pour les combattre, et souvent s'il les prévoit, il les
expose lui-même pour les réfuter d'avance avec plus
d'avantage. La Réfutation, placée d'ordinaire après la
Confirmation, doit la précéder en certains cas, par
exemple quand l'orateur, s'apercevant que son adversaire a produit beaucoup d'effet, a lieu de craindre que
les preuves qu'il doit donner par la Confirmation ne
fussent mal reçues si la prévention n'était dissipée au-
paravant.

La Réfutation s'emploie au barreau, à la tribune,
dans la chaire. Le prédicateur, certain d'être écouté
sans réplique, n'en a pas moins à combattre comme
autant d'ennemis les passions, les erreurs, les préju-

4.

gés qui s'élèvent contre lui armés de sophismes et de raisonnements les plus spécieux. Il se met donc à la place de ses auditeurs, et se propose des objections auxquelles il répond d'avance à mesure qu'il les présente.

Bourdaloue réfute ainsi les prétextes allégués pour se dispenser de faire l'aumône :

« Les temps sont mauvais, chacun souffre, et n'est-
» il pas de la prudence de penser à l'avenir et de gar-
» der son revenu ? C'est ce que la prudence vous dit,
» mais une prudence réprouvée, une prudence char-
» nelle et ennemie de Dieu. Tout le monde souffre et
» est incommodé, j'en conviens ; mais après tout, si
» j'en jugeais par les apparences, peut-être aurais-je
» peine à en convenir ; car jamais le faste, jamais le
» luxe fut-il plus grand qu'il l'est aujourd'hui ? Et qui
» sait si ce n'est point pour cela que Dieu nous châ-
» tie ? Dieu, dis-je, qui, selon l'Écriture, a en horreur
» le pauvre superbe ? Mais, encore une fois, je le veux,
» les temps sont mauvais. Et que concluez-vous de là ?
» Si tout le monde souffre, les pauvres ne souffrent-
» ils pas ? et si les souffrances des pauvres se trouvent
» chez les riches, à quoi doivent être réduits les pau-
» vres eux-mêmes ? Or à qui est-ce d'assister ceux
» qui souffrent plus, si ce n'est pas à ceux qui souf-
» frent moins ? Est-ce donc bien raisonner de dire que
» vous avez droit de retenir votre superflu, parce que
» les temps sont mauvais, puisque c'est justement pour
» cela même que vous ne pouvez le retenir sans crime,
» et que vous êtes dans une obligation particulière de
» le donner ? »

§ VII. LA PÉRORAISON.

La *Péroraison* termine le discours. Elle a pour but non-seulement de résumer les points principaux traités séparément, mais surtout d'exciter dans l'âme des auditeurs ou des juges les sentiments qui peuvent conduire à la persuasion.

La péroraison de l'oraison funèbre du grand Condé par Bossuet est un des morceaux les plus magnifiques et les plus sublimes qui soient jamais sortis de la plume d'un orateur.

Après avoir appelé à contempler les restes du héros, et les guerriers qu'il avait conduits à la victoire, et ses amis, et tous ceux qui composent l'illustre assemblée réunie dans le lieu saint, Bossuet ajoute :

« Pour moi, s'il m'est permis après tous les autres
» de venir rendre les derniers devoirs à ce tombeau, ô
» prince, le digne sujet de nos louanges et de nos re-
» grets ! vous vivrez éternellement dans ma mémoire :
» votre image y sera tracée non point avec cette au-
» dace qui promettait la victoire ; non, je ne veux rien
» voir en vous de ce que la mort y efface. Vous aurez
» dans cette image des traits immortels : je vous y
» verrai tel que vous étiez à ce dernier jour sous la
» main de Dieu, lorsque sa gloire sembla commencer
» à vous apparaître. C'est là que je vous verrai plus
» triomphant qu'à Fribourg et à Rocroi ; et, ravi d'un
» si beau triomphe, je dirai en actions de grâces ces
» paroles du bien-aimé disciple : *La véritable victoire,*

» *celle qui met sous nos pieds le monde entier, c'est*
» *notre foi.* »

Saint Vincent de Paul offre un beau modèle de péroraison pathétique lorsque s'adressant aux femmes pieuses qui composaient son auditoire, et leur montrant les jeunes enfants qui allaient périr si elles les abandonnaient, il leur dit :

« Or sus, mesdames, la compassion et la charité vous
» ont fait adopter ces petites créatures pour vos en-
» fants. Vous avez été leurs mères selon la grâce, de-
» puis que leurs mères selon la nature les ont aban-
» données. Voyez maintenant si vous voulez aussi les
» abandonner pour toujours. Cessez à présent d'être
» leurs mères, pour devenir leurs juges ; leur vie et
» leur mort sont entre vos mains. Je m'en vais donc,
» sans délibérer, prendre les voix et les suffrages. Il est
» temps de prononcer leur arrêt, et de décider irrévo-
» cablement si vous ne voulez plus avoir pour eux des
» entrailles de miséricorde. Les voilà devant vous ! Ils
» vivront, si vous continuez d'en prendre un soin cha-
» ritable ; et je vous le déclare devant Dieu, ils seront
» tous morts demain, si vous les délaissez. »

Cette conclusion, le modèle des péroraisons pathétiques, eut le succès qu'elle méritait : le même jour, dans la même église, au même instant, un hôpital pour les Enfants-Trouvés, qui jusque-là périssaient dans les rues, fut fondé à Paris et doté de quarante mille livres de rente.

Questionnaire.

Qu'est-ce que la Disposition ? — Nommez ses conditions essen-

tielles. — Combien de parties dans le discours oratoire ? —
Qu'est-ce que l'Exorde ? — Nommez les différentes sortes
d'exordes. —Qu'entend-on en Rhétorique par la Proposition ?
—Qu'est-ce que la Division ?—Dites à quoi elle contribue. —
Qu'est-ce que la Narration ?—En quoi la narration oratoire
diffère-t-elle de la narration historique ? — Parlez de la Confirmation. — En quoi consiste la Réfutation ?—Qu'est-ce que
la Péroraison ?—Quel est son but ?

CHAPITRE III.

L'ÉLOCUTION.

—

Définition de l'Élocution.

L'*Élocution* est l'expression de la pensée par la parole considérée sous le rapport de l'éloquence. C'est
aussi la partie de la Rhétorique qui traite du style.
L'Élocution donne au discours la force, l'éclat, la beauté
et l'agrément : elle est à l'éloquence ce que le coloris
est à la peinture.

L'Élocution comprend : le *Style* et les *Figures*. Les
mots *style* et *diction* signifient, comme le mot *élocution*,
la manière de s'exprimer ; mais l'élocution, terme générique, les comprend l'un et l'autre. La diction ne se
dit proprement que des qualités générales et grammaticales du discours, telles que la clarté et la correction.
Le style se prend dans une acception beaucoup plus
étendue. Il se dit des qualités particulières du discours,
qualités plus rares qui sont l'expression véritable du caractère de l'écrivain ou de l'orateur. Buffon l'a dit :
« *Le style est l'homme même.* »

§ Ier. DU STYLE.

L'expression des pensées de l'écrivain, l'ordre et le mouvement qu'il leur donne, c'est ce qu'on appelle le *Style*.

§ II. QUALITÉS GÉNÉRALES DU STYLE.

On distingue les qualités *générales* du style, essentielles dans tous les genres de composition littéraire, et les qualités *particulières* qui varient selon la différence des sujets.

Les qualités *générales* du style sont la *pureté*, la *clarté*, la *précision*, la *propriété des termes*, le *naturel*, l'*élégance*, la *noblesse*, l'*harmonie*.

1° La *Pureté du Style*. Elle consiste à s'exprimer correctement, c'est-à-dire à n'employer que les mots, les tournures de phrase, les locutions autorisées par les règles ou du moins par l'usage.

Un terme propre rend l'idée tout entière; un terme moins approprié au sens de la pensée ne la rend qu'à demi; un terme impropre la défigure.

Il faut dont éviter les *barbarismes* et les *solécismes*.

Un *barbarisme* est un mot étranger à la langue; exemple : *éduquer* pour *instruire*.

Un *solécisme* est une faute contre la syntaxe. Exemple :

Ce ne serait pas *moi qui se mettrait* en peine, etc.

C'est *de vous dont* je me plains.

Il faut : ce ne serait pas *moi qui me mettrais* en peine, etc.

C'est *de vous que* je me plains.

2° La *Clarté du Style* est cette qualité qui fait saisir

sur-le-champ et sans effort la pensée exprimée par l'auteur. « La pensée, dit Quintilien, doit être telle-
» ment claire que l'idée frappe les esprits comme le
» soleil frappe les yeux. »

3° La *Précision*, on peut dire aussi la *Concision du Style* consiste à exprimer sa pensée avec le moins de mots possible et dans les termes les plus justes.

Le style *diffus* et *prolixe* est l'opposé du style concis ; la précision n'exclut ni la richesse ni l'élégance du style, chaque genre a un degré de précision qui lui convient.

Sévère, dans Polyeucte, parle ainsi des Chrétiens :

Ils font des vœux pour nous qui les persécutons.

(CORNEILLE).

Racine dit la même chose du peuple Hébreu, dans *Esther*, mais d'une manière bien différente :

Adorant dans leurs fers le Dieu qui les châtie,
Tandis que votre main sur eux appesantie
A leurs persécuteurs les livrait sans secours,
Ils conjuraient ce Dieu de veiller sur vos jours,
e rompre des méchants les trames criminelles,
De mettre votre trône à l'ombre de ses ailes.

Ces deux exemples ont la précision qui leur convient :

Sévère parle en homme d'État ; il ne dit qu'un mot ; mais ce mot est plein d'énergie.

Esther, qui veut toucher Assuérus, étend davantage la même idée.

4° La *Propriété d'expression*. Parmi toutes les ex-pressions, une seule est bonne pour une même idée ; toute autre ne la rend qu'à moitié ou la défigure. Exemple d'un terme impropre :

Dans l'âme des héros quelle fatalité
Mêle à tant de grandeur tant de *simplicité*.

Le mot *simplicité* est impropre dans ce vers où il ne doit être entendu que dans le sens de *crédulité*.

Synonymes. Ce qui augmente la difficulté de trouver les mots propres, c'est la ressemblance apparente de sens entre deux termes qu'on appelle *synonymes*.

Il n'y en a pas de complets à proprement parler. Cependant, dans plusieurs circonstances, on peut employer des mots les uns pour les autres lorsqu'ils ont des rapports communs, et que la nuance qui les sépare est très-faible. Par exemple : les adjectifs *indolent*, *nonchalant*, *négligent*, *paresseux*, *fainéant*, expriment un défaut contraire à l'amour du travail; voilà l'idée commune qui permet de les employer l'un pour l'autre lorsqu'on blâme en général ce défaut; mais veut-on de la précision dans les termes, alors plus de synonymes. On est *indolent* par nature, *nonchalant* faute d'attacher à l'idée du devoir toute l'importance qu'elle mérite, *négligent* par défaut de soin, *paresseux* par défaut d'action, *fainéant* par antipathie de la peine.

Il faut surtout éviter l'*équivoque* dans les mots et dans les phrases.

Il y a équivoque dans les mots lorsque, dans la même phrase, ils sont pris tantôt dans un sens et tantôt dans un autre. Cette manière de parler est généralement blâmable et de mauvais ton. On ne doit s'en servir que dans les sujets badins, et l'on ne saurait en user avec trop de réserve.

Le vers suivant, tiré du portrait d'un huissier, offre un exemple de termes employés dans un sens équivoque :

Ses rides sur son front gravaient tous ses exploits.

(RACINE, *les Plaideurs*, I, 5.)

Il y a équivoque dans les phrases lorsque les rapports de leurs parties constitutives sont indéterminés ou irréguliers. Exemple :

« César voulut d'abord surpasser Pompée : les richesses de Crassus *lui* firent croire qu'*il* pourrait partager la gloire de ces deux grands hommes. »

Il et *lui* ont un sens équivoque parce que, par la construction, ces deux pronoms paraissent se rapporter à César, tandis qu'ils se rapportent à Crassus.

Le *Naturel* du style consiste à rendre une idée, une image , un sentiment sans effort et sans apprêt. L'expression, même la plus brillante, perd son mérite dès que la recherche s'y laisse apercevoir. Du naturel naît la *facilité* du style, c'est-à-dire un style où le travail ne se montre pas.

L'*Élégance* est la réunion de toutes les grâces du style : elle consiste dans un tour de pensée noble et poli, rendu par des expressions châtiées, coulantes, et gracieuses à l'oreille. Mais il importe de concilier cette qualité du style avec le naturel que rien ne peut suppléer.

La *Noblesse* du style consiste à éviter les expressions basses et triviales. Pour être à la fois noble et naturel dans sa diction, il faut un goût sûr et délicat.

Ce que dit Aménaïde en parlant de Tancrède * :

* Dans la tragédie de ce nom, par Voltaire.

Il aura donc pour moi combattu par pitié!
est noble; mais si elle eût dit :

Il ne s'est donc pour moi battu que par pitié !

l'expression perdait tout caractère de noblesse.

Il est un art de dire noblement les plus petites choses, et de relever par la magie du style des objets de peu d'importance. Ainsi La Fontaine pour exprimer cette pensée commune, le chagrin ne dure pas toujours, dit (*Fables*, liv. VI, 21) :

Sur les ailes du Temps la tristesse s'envole.

Racine parlant du fard dont se servait Jézabel pour cacher les rides de la vieillesse dit (*Athalie*, II, 5) :

Même elle avait encor cet éclat emprunté,
Dont elle eut soin de peindre et d'orner son visage,
Pour réparer des ans l'irréparable outrage.

L'*Harmonie* du style résulte du choix judicieux et de l'heureux assemblage des expressions. Pour donner de l'harmonie au style, il faut choisir des mots qui flattent le goût et l'oreille; il faut aussi fuir le concours des mauvais sons, éviter l'hiatus; enfin il faut éviter également les mêmes consonnances, mais sans affectation.

En n'observant pas les deux premiers de ces préceptes on s'expose à faire une cacophonie. Exemple :
De fortes mœurs, un tact exquis.

Telle encore cette épigramme de Chénier contre le poète Lemierre, qui venait de donner une tragédie de *Guillaume Tell*, dont le style manquait essentiellement d'harmonie :

Lemierre! ah! que ton Tell avant-hier me charma!
J'aime ton ton pompeux et ta rare harmonie;

Oui, des foudres de son génie,
Corneille lui-même t'arma.

L'*hiatus* a lieu toutes les fois qu'une voyelle finissant un mot rencontre une autre voyelle qui commence le mot suivant, comme dans cette phrase : *Elle alla à Angers où elle s'appliqua à apprendre la musique.*

L'hiatus doit être ordinairement évité dans la prose ; il est absolument proscrit dans la poésie.

Il suffit pour ainsi dire d'ouvrir Racine pour y trouver, presque à chaque page, ce charme que l'harmonie du style ajoute à la beauté des pensées. Ainsi dans les vers suivants où Andromaque dit à Céphise (Acte IV, sc. 1) :

« Fais connaître à mon fils les héros de sa race ;
» Autant que tu pourras, conduis-le sur leur trace.
» Dis-lui par quels exploits leurs noms ont éclaté ;
» Plutôt ce qu'ils ont fait, que ce qu'ils ont été,
» Parle-lui tous les jours des vertus de son père,
» Et quelquefois aussi parle-lui de sa mère.
» Mais qu'il ne songe plus, Céphise, à nous venger ;
» Nous lui laissons un maître, il le doit ménager.
» Qu'il ait de ses aïeux un souvenir modeste :
» Il est du sang d'Hector, mais il en est le reste,
» Et pour ce reste enfin, j'ai moi-même, en un jour,
» Sacrifié mon sang, ma haine et mon amour. »

Le poème de *La Religion*, par Louis Racine, offre plusieurs exemples de l'harmonie du style. Tels sont les vers suivants du chant I, où il dit des oiseaux :

Innombrable famille, où bientôt tant de frères
Ne reconnaîtront plus leurs aïeux ni leurs pères.
Ceux qui de nos hivers redoutant le courroux,
Vont se réfugier dans des climats plus doux,
Ne laisseront jamais la saison rigoureuse
Surprendre parmi nous leur troupe paresseuse.

Dans un sage conseil par les chefs assemblé,
Du départ général le grand jour est réglé ;
Il arrive ; tout part : le plus jeune peut-être
Demande, en regardant les lieux qui l'ont vu naitre,
Quand viendra ce printemps, par qui tant d'exilés,
Dans les champs paternels se verront rappelés.

Ce n'est pas seulement dans le choix et l'assemblage des mots que consiste l'harmonie du style ; la succession des phrases, la texture, la coupe et l'enchaînement des périodes y concourent également.

En considérant l'harmonie dans la succession des phrases, on distingue le style *coupé* et le style *périodique*.

Le style est *coupé* lorsque les phrases sont indépendantes les unes des autres ; indépendantes sous le rapport grammatical, car elles ont toujours entre elles une liaison générale de sens. Fléchier offre un bel exemple de style coupé dans son oraison funèbre de Turenne :

« Peu s'en faut que je n'interrompe ici mon discours. Je me trouble, messieurs ; Turenne meurt, tout se confond : la fortune chancelle, la victoire se lasse, la paix s'éloigne, les bonnes intentions des alliés se ralentissent, le courage des troupes est abattu par la douleur et ranimé par la vengeance ; tout le camp demeure immobile. »

Le style est *périodique* lorsqu'il est composé d'une suite de périodes.

La *période* est un assemblage de propositions qui concourent au développement d'une seule pensée. Ces propositions dites *membres* de la période n'ont un sens complet que lorsqu'elle est terminée.

Il y a des périodes de deux, de trois, de quatre membres. Il y en a même qui en ont davantage, mais elles sont rares et l'orateur doit en être sobre. Nous disons sobre en général, car il y a des périodes fort longues, et cependant claires et harmonieuses. Telle est celle qui suit, et qui est prise dans la réponse de M. de Buffon au discours de M. de la Condamine, le jour de la réception de celui-ci à l'Académie française :

« Avoir parcouru l'un et l'autre hémisphère, tra-
» versé les continents et les mers, surmonté les som-
» mets sourcilleux de ces montagnes embrasées, où des
» glaces éternelles bravent également et les feux sou-
» terrains et les ardeurs du midi ; s'être livré à la pente
» précipitée de ces cataractes écumantes, dont les eaux
» suspendues semblent moins rouler sur la terre que
» descendre des nues ; avoir pénétré dans ces vastes
» déserts, dans ces solitudes immenses, où l'on trouve
» à peine quelques vestiges de l'homme ; où la na-
» ture, accoutumée au plus profond silence, dut être
» étonnée de s'entendre interroger pour la première
» fois ; avoir plus fait, en un mot, pour le seul motif
» de la gloire des lettres, que l'on ne fit jamais pour la
» soif de l'or : voilà ce que connaît de vous l'Europe,
» et ce que dira la postérité. »

Rien de plus beau que cette période ; elle est cependant plus à admirer qu'à imiter.

Exemples de périodes à plusieurs membres.

Période à deux membres :

« Des milliers d'hommes meurent et sont aussitôt
» remplacés ; — mais la mort d'un grand homme laisse

» un vide dans l'univers, et la nature est des siècles à
» les remplir. » (THOMAS, *Éloge de d'Aguesseau.*)

    Période à trois membres :

« Si l'équité régnait dans le cœur des hommes , —
» si la vérité et la vertu leur étaient plus chères que
» les plaisirs, les honneurs et la fortune , — rien ne
» pourrait altérer leur bonheur. » (MASSILLON.)

    Période à quatre membres :

« La Sagesse divine répandit ses bienfaits sur la terre,
» — afin que pour les recueillir l'homme en parcou-
» rût les différentes régions, — qu'il développât sa
» raison par l'inspection de ses ouvrages, — et qu'il
» s'enflammât de son amour par le sentiment de ses
» bienfaits. » (BERNARDIN DE SAINT-PIERRE.)

Le style périodique a plus d'harmonie et de dignité
que le style coupé. Celui-ci est plus vif et plus brillant.
On les emploie tour à tour pour répandre la variété.

§ II. QUALITÉS PARTICULIÈRES DU STYLE.

Les qualités *particulières* du style varient suivant la
nature des sujets qu'on traite ou qu'on doit peindre. —
Le grand art de l'orateur ou de l'écrivain est de savoir
assortir le style aux pensées : l'élocution ne peut être la
même dans les sujets qui traitent des sciences ou de la
morale, dans ceux dont le principal but est l'agrément,
et dans les sujets grands et pathétiques.

§ III. CARACTÈRES DIVERS DE L'ÉLOCUTION.

Genre sublime.

Les anciens ont distingué trois caractères de l'élocution : le genre *sublime*, le genre *simple* et le genre *tempéré*.

Au genre *sublime* appartiennent la grandeur des pensées, la majesté de l'expression, la véhémence, la fécondité, la richesse, la gravité, les mouvements pathétiques. C'est le plus haut degré d'élévation auquel puisse atteindre l'esprit humain.

Il ne faut pas confondre le *style sublime* avec le *sublime* proprement dit. Le *sublime* est un trait, un mouvement, une parole qui élève l'âme au-dessus d'elle-même. Il peut se trouver dans un seul mot et même dans le silence.

Le *Style sublime* exprime noblement une suite d'idées grandes et de sentiments élevés, mais qui peuvent n'être pas sublimes. Ainsi dans l'exemple suivant :

> J'ai vu l'impie adoré sur la terre ;
> Pareil au cèdre, il cachait dans les cieux
>   Son front audacieux ;
> Il semblait à son gré gouverner le tonnerre,
>   Foulait aux pieds ses ennemis vaincus :
> Je n'ai fait que passer, il n'était déjà plus.
>
> (RACINE, *Esther*, III, 9.)

Les cinq premiers vers appartiennent au style sublime, mais le dernier vers seul présente une idée vraiment sublime, quoique rendue par les mots les plus simples.

Le style sublime convient surtout à la tragédie. Il s'emploie aussi dans d'autres genres de poésie, tels que l'ode, l'épopée, et dans la prose élevée, comme l'histoire, la philosophie, l'éloquence.

Le style peut être sublime par les *pensées*, par les *sentiments*, par les *images*, par les *expressions*.

Bossuet offre un grand nombre de pensées sublimes. Veut-il dire que l'idolâtrie était presque universellement répandue sur la terre, il s'exprime ainsi : « Tout était » Dieu excepté Dieu lui-même, et le monde que Dieu » avait fait pour manifester sa puissance semblait être » devenu un monde d'idoles. » (*Discours sur l'histoire universelle*, 2ᵉ partie, § I.)

Massillon exprime aussi une pensée sublime lorsqu'en commençant l'oraison funèbre de Louis XIV, après avoir promené quelque temps ses regards sur le deuil somptueux qui l'entourait, ne voyant de tous côtés que le néant des grandeurs humaines, il profère comme malgré lui cette parole de vérité : « Dieu seul » est grand ! mes frères. »

Corneille abonde en vers heureux qui expriment des sentiments sublimes. Ainsi le « *Qu'il mourût !* » du vieil Horace ; et dans la tragédie de *Cinna* ces paroles d'Auguste, qui firent verser des larmes au grand Condé :

Soyons ami, Cinna, c'est moi qui t'en convie.

Le sublime des images saisit, étonne, entraîne. Quoi de plus hardi et de plus sublime que ces mots de Massillon dans la péroraison de son *sermon sur le petit nombre des élus :* « Restes d'Israël, passez à la droite : » froment de Jésus-Christ, démêlez-vous de cette paille » destinée au feu. »

La Bible renferme un très-grand nombre d'images sublimes. Celle-ci est admirable : « Dieu dit : *Que la lumière soit !* et *elle fut.* »

A vrai dire, le sublime d'expressions n'est autre que la réunion de toutes les qualités qui constituent le style sublime. Nous citerons pour exemple ce portrait de Bossuet par M. de Châteaubriand (*Génie du Christianisme*, liv. III, ch. 8) :

« Bossuet est plus qu'un historien, c'est un Père de
» l'Église, c'est un prêtre inspiré qui souvent a le rayon
» de feu sur le front, comme le législateur des Hé-
» breux. Quelle revue il fait de la terre ! il est en mille
» lieux à la fois ! Patriarche sous le palmier de Tophel,
» ministre à la cour de Babylone, prêtre à Memphis,
» législateur à Sparte, citoyen à Athènes et à Rome, il
» change de temps et de place à son gré ; il passe avec
» la rapidité et la majesté des siècles. La verge de
» la loi à la main, avec une autorité incroyable, il
» chasse pêle-mêle devant lui et Juifs et Gentils au
» tombeau ; il vient enfin lui-même à la suite du con-
» voi de tant de générations, et, marchant appuyé sur
» Isaïe et sur Jérémie, il élève ses lamentations pro-
» phétiques à travers la poudre et les débris du genre
» humain. »

Nous avons cité Corneille ; Racine aussi fournit des exemples multipliés de style sublime :

Ce Dieu, maître absolu de la terre et des cieux,
N'est point tel que l'erreur le figure à vos yeux ;
L'Éternel est son nom, le monde est son ouvrage.

(Esther, III, 3).

Et cet autre passage :

Dieu fit choix de Cyrus avant qu'il vît le jour,
L'appela par son nom, le promit à la terre,
Le fit naître, et soudain l'arma de son tonnerre.

(Esther, III, 4.)

5.

Ce genre de style est ainsi appelé parce qu'il revêt la pensée des formes les plus simples et qu'il bannit toute recherche, toute affectation. Le naturel, la clarté, la précision le caractérisent ; il rejette tout ornement ou n'en admet que de très-simples, et s'il est harmonieux, c'est moins pour charmer l'oreille que pour ne pas la blesser.

Le Style *simple* s'emploie dans les entretiens familiers, dans les récits, soit en prose soit en vers, tels que le conte ou la fable ; dans les lettres familières, dans l'histoire, dans les sujets où l'on se propose d'instruire, et généralement dans tous ceux où l'on parle de choses simples et ordinaires. *Exemples :*

Heureux qui se nourrit du lait de ses brebis,
Et qui de leur toison voit filer ses habits ;
Qui ne sait d'autre mer que la Marne ou la Seine,
Et croit que tout finit où finit son domaine.

(SEGRAIS.)

La simplicité fait également le charme des vers suivants, où M. Guiraud raconte le retour du petit Savoyard dans son pays (*Le Petit Savoyard*, ch. I.) :

Bientôt de la colline il prend l'étroit sentier,
Il a mis, ce matin, la bure du dimanche,
        Et dans son sac de toile blanche
Est un pain de froment qu'il garde tout entier.

Pourquoi tant se hâter à sa course dernière ?
C'est que le pauvre enfant veut gravir le coteau,
Et ne point s'arrêter qu'il n'ait vu son hameau
        Et n'ait reconnu sa chaumière.

Les voilà !... tels encor qu'il les a vus toujours,
Ces grands bois, ce ruisseau qui fuit sous le feuillage !

Il ne se souvient plus qu'il a marché dix jours,
   Il est si près de son village !

La *Concision* est une des qualités du style simple.
On en trouve un exemple dans ce vers de Du
Belloy (*Le Siége de Calais*, acte II, sc. 3) :

Plus je vis d'étrangers, plus j'aimai ma patrie.

Si l'on veut des exemples du style gracieux et enjoué, on peut ouvrir au hasard les lettres de madame de
Sévigné ou les fables de La Fontaine ; l'un et l'autre
sont inimitables. Nous citerons ce fragment d'une lettre
de madame de Sévigné :

« Il m'est venu voir un président, et avec lui un fils
» de sa femme qui a vingt ans, et à qui je trouvai,
» sans exception, la plus agréable et la plus jolie figure
» que j'aie jamais vue ; j'allai dire que je l'avais vu à
» cinq ou six ans, et que j'admirais qu'on pût croître
» en si peu de temps ; sur cela, il sort une voix terri-
» ble de ce joli visage, qui me plante au nez, d'un air
» ridicule, que *mauvaise herbe croît toujours* : voilà
» qui fut fait, je lui trouvai des cornes, et s'il m'eût
» donné des coups de massue sur la tête, il ne m'au-
» rait pas plus affligée... »

La *Naïveté* est l'expression la plus simple et la plus
naturelle d'une idée. La Fontaine, par exemple, est
naïf dans ses fables, parce que les personnages qu'il
met en scène tiennent un langage qui convient si bien
à leur caractère, et au rôle qu'ils jouent, que le poëte ne
paraît jamais. Où trouver un flatteur plus adroit que le
renard dans son apologie du lion ? La confession de
l'âne n'est pas moins admirable :

L'âne vint à son tour, et dit : J'ai souvenance
    Qu'en un pré de moines passant,
La faim, l'occasion, l'herbe tendre, et, je pense,
    Quelque diable aussi me poussant,
Je tondis de ce pré la largeur de ma langue ;
Je n'en avais nul droit, puisqu'il faut parler net.
    (*Les Animaux malades de la peste*, liv. I, *Fab.* VII.)

Ce pauvre baudet va chercher jusqu'au fond de sa conscience tout ce qu'elle peut lui reprocher ; il rappelle avec la franchise la plus naïve toutes les circonstances, jusqu'à celle-ci qui est si bien dans son caractère :

. . . . Et, je pense,
Quelque diable aussi me poussant.

Il ne veut pas aggraver sa faute, il ne veut pas l'atténuer ; il veut tout dire.

§ V. GENRE TEMPÉRÉ.

Le Style *tempéré* tient le milieu entre le style simple et le style sublime. Moins énergique, moins pompeux que le second, mais plus élégant que le premier, il emploie pour plaire tous les ornements, toutes les figures, ce qui le fait appeler : style *orné* et *fleuri*. Ce genre de style convient surtout aux discours d'apparat et aux sujets agréables.

Les qualités qui semblent devoir plus spécialement appartenir au style tempéré sont : la *richesse*, la *finesse*, la *délicatesse*, la *grâce*.

1° *La Richesse du style.*

Le style est *riche* lorsqu'il présente un heureux assemblage d'idées brillantes, d'images vives, de traits frappants. Exemples :

Oui, c'est un Dieu caché que le Dieu qu'il faut croire,
Mais tout caché qu'il est, pour révéler sa gloire
Quels témoins éclatants devant moi rassemblés !
Répondez, cieux et mers, et vous, terre, parlez.
Quel bras peut vous suspendre, innombrables étoiles?
Nuit brillante, dis-nous qui t'a donné tes voiles ?
O cieux, que de grandeur et quelle majesté,
J'y reconnais un maître à qui rien n'a coûté,
Et qui dans nos déserts a semé la lumière,
Ainsi que dans nos champs il sème la poussière.

(L. RACINE, *la Religion*, chant I.)

Nous citerons encore ces fragments de la prophétie de Joad dans *Athalie* (Acte III, sc. 7.) :

Cieux, écoutez ma voix ; Terre, prête l'oreille.
Ne dis plus, ô Jacob, que ton Seigneur sommeille.
Pécheurs, disparaissez : le Seigneur se réveille.
Comment en un plomb vil l'or pur s'est-il changé ?.....
        Quelle Jérusalem nouvelle
Sort du fond du désert, brillante de clartés,
Et porte sur le front une marque immortelle?
        Peuples de la terre, chantez :
Jérusalem renaît plus charmante et plus belle.
        D'où lui viennent de tous côtés
Ces enfants qu'en son sein elle n'a point portés ?
Lève, Jérusalem, lève ta tête altière ;
Regarde, tous ces rois de ta gloire étonnés,
Les rois des nations, devant toi prosternés,
        De tes pieds baisent la poussière.
Les peuples à l'envi marchent à ta lumière.
Heureux qui, pour Sion, d'une sainte ferveur
        Sentira son âme embrasée !
        Cieux, répandez votre rosée,
Et que la terre enfante son Sauveur.

L'expression est *riche* quand elle renferme beaucoup de sens en peu de mots. Exemple :

« La voilà *telle que la mort l'a faite*, » dit Bossuet dans l'oraison funèbre de madame Henriette d'Angleterre.

2° *La Finesse du style.*

La *Finesse* n'est qu'une qualité de l'esprit appliquée au style. La Rochefoucault, La Bruyère en fournissent de nombreux exemples.

En voici un d'un autre moraliste :

« L'amour-propre des sots excuse celui des gens » d'esprit, mais ne le justifie pas. »

« Le doute est une mer agitée, dont la religion est » l'unique port. »

3° *La Délicatesse de style.*

La délicatesse est cette faculté qui nous fait voir plus loin que le commun des hommes dans les choses de sentiment. Elle consiste non pas à apercevoir, mais à sentir ; c'est la finesse de la sensibilité. La *Délicatesse de style* consiste dans l'expression simple, parfois, même naïve, d'un sentiment délicat. On trouve cette qualité dans la fable des *Deux amis*, de La Fontaine, liv. VIII, Fable 11.

Les *Adieux de Marie Stuart* à la France présentent un modèle touchant de délicatesse et de sensibilité :

Adieu, plaisant pays de France,
O ma patrie !
La plus chérie,
Qui as nourri ma jeune enfance !
Adieu, France, adieu, mes beaux jours.
La nef qui disjoint nos amours
N'a c'y de moi que la moitié ;
Une part te reste : elle est tienne ;
Je la fie à ton amitié,
Pour que de l'autre il te souvienne.

La délicatesse de style donne le plus grand charme à ce discours d'Iphigénie à son père :

. . . . Mon père!
Cessez de vous troubler ; vous n'êtes point trahi.
Quand vous commanderez, vous serez obéi.
Ma vie est votre bien ; vous voulez le reprendre :
Vos ordres, sans détour, pouvaient se faire entendre.
D'un œil aussi content, d'un cœur aussi soumis
Que j'acceptais l'époux que vous m'aviez promis,
Je saurai, s'il le faut, victime obéissante,
Tendre au fer de Calchas une tête innocente,
Et respectant le coup par vous-même ordonné,
Vous rendre tout le sang que vous m'avez donné.
Si pourtant ce respect, si cette obéissance
Paraît digne à vos yeux d'une autre récompense ;
Si d'une mère en pleurs vous plaignez les ennuis,
J'ose vous dire ici qu'en l'état où je suis,
Peut-être assez d'honneurs environnaient ma vie
Pour ne pas souhaiter qu'elle me fût ravie,
Ni qu'en me l'arrachant, un sévère destin
Si près de ma naissance en eût marqué la fin.

(RACINE, *Iphigénie*, IV, 4.)

4° *La Grâce du style.*

La *Grâce du style* consiste dans l'aisance et la variété des mouvements.

Homère offre souvent des peintures gracieuses, entr'autres celle-ci : Le petit Astyanax, effrayé à la vue du panache qui flotte sur le casque d'Hector, son père, se rejette en arrière dans les bras de sa nourrice, et arrache à sa mère un sourire mêlé de larmes. Alors Hector dit :

Je vous offre mon fils, dieux, faites-en le vôtre!
Digne de votre appui, qu'il n'en cherche point d'autre.
Rendez-le, s'il se peut, le secours des Troyens.
Qu'un jour par ses exploits il efface les miens.
Récompensez en lui la piété du père,
Et qu'il soit les plaisirs et l'honneur de sa mère.

(*Iliade*, ch. VI, traduction de LA MOTTE).

Racine, partout gracieux, l'est surtout dans *Esther*.
Ainsi dans ces paroles d'Assuérus :

Je ne trouve qu'en vous je ne sais quelle grâce
Qui me charme toujours et jamais ne me lasse.
De l'aimable vertu doux et puissants attraits !
Tout respire en Esther l'innocence et la paix !

(Esther, II, 7.)

Le style tempéré est d'un grand secours pour déguiser la fadeur des éloges ; Racine l'emploie quand il met dans la bouche d'Esther les vers suivants à la louange d'Assuérus, alors qu'elle parle à ce monarque lui-même (Acte III, sc. 4) :

Que n'espérions-nous point d'un roi si généreux !
Dieu regarde en pitié son peuple malheureux,
Disions-nous ; un roi règne, ami de l'innocence.
Partout du nouveau prince on vantait la clémence ;
Les Juifs partout de joie en poussèrent des cris, etc.

Nous avons défini les trois genres de style, et nous en avons indiqué les qualités principales ; ajoutons qu'il en est encore une essentielle : la *variété*. Elle consiste à fondre ensemble les trois genres, à les tempérer l'un par l'autre pour éviter la monotonie. Il y a peu d'ouvrages de quelque étendue dont le style soit exclusivement renfermé dans un seul des trois genres.

Heureux, dit Boileau, et ce précepte s'applique à la prose comme à la poésie,

Heureux qui, dans ses vers, sait d'une voix légère
Passer du grave au doux, du plaisant au sévère.

(Art poétique, chant I, v. 75.)

Les figures de Rhétorique, qui servent à donner de la force, de la noblesse ou de la grâce à l'expression des pensées et des sentiments, sont aussi d'un grand secours pour varier le style.

Questionnaire.

Qu'est-ce que l'Élocution ? — Que comprend-elle ? — Qu'est-ce que le Style ? — Quelles sont les qualités générales du style ? Pureté du style. —Clarté du style. —Précision ou Concision. —Style diffus et prolixe. —Propriété d'expressions. —Naturel du style. — Élégance. — Noblesse. —Harmonie du style. — Qu'est-ce que le style coupé ? — Qu'est-ce que le style périodique ?—Qu'est-ce qu'une période ? — Quelles sont les qualités particulières du style ? — Combien de caractères divers de l'Élocution? — Parlez du genre sublime. — Style sublime distinct du sublime proprement dit. — D'où le genre simple prend-il son nom ? — Quand faut-il l'employer ? — Quelles en sont les nuances ? — Donnez la définition du style tempéré ? — Quelles en sont les qualités?

CHAPITRE IV.

DES FIGURES EN GÉNÉRAL ET DES TROPES.

Le besoin qu'on a de faire sentir vivement aux autres ce qu'on sent vivement soi-même, a donné lieu à presque toutes les figures. Employées d'abord pour émouvoir et pour persuader, elles le furent aussi bientôt pour répandre de la variété dans le discours, ou pour exprimer les choses d'une manière plus noble et plus délicate.

Parmi les figures, les unes sont appelées *Figures de mots*, les autres *Figures de pensées*. Nous ne nous occuperons dans ce chapitre que des premières.

Il y a les *Figures de mots proprement dites*, qui consistent à disposer les mots d'une certaine manière en leur conservant leur signification naturelle, et les *Tropes* ainsi appelés d'un mot grec qui signifie *tour* ou *changement*. En effet, par ces figures on détourne les mots de leur signification propre pour leur en donner une autre que l'on appelle *figurée*, et qui doit d'ailleurs être claire et facile à saisir.

· Le *sens propre* est toujours le sens primitif. Exemples : Les *rayons* du soleil, les *fleurs* des champs.

Le *sens figuré* est une comparaison tacite. Exemple : Avoir un *rayon* d'espoir, être dans la *fleur* de l'âge.*

§ I. DES FIGURES DE MOTS PROPREMENT DITES.

Les principales figures de mots proprement dites, sont : l'*Ellipse*, le *Pléonasme*, l'*Inversion*, la *Répétition*, la *Syllepse* ou *Synthèse*, la *Conjonction*, la *Disjonction*, la *Périphrase*, l'*Euphémisme*, l'*Onomatopée*.

L'Ellipse.

Cette figure, dont le nom signifie *manque*, *défaut*, *omission*, consiste à supprimer un ou plusieurs mots que la construction grammaticale aurait droit d'exiger. Pour que l'ellipse soit bonne, il faut qu'elle ajoute à la force de la phrase sans nuire à la clarté, et que les mots supprimés se présentent si naturellement à l'esprit qu'on croie les lire ou les entendre.

Exemples : Alexandre après la bataille d'Arbelles refuse les propositions de Darius. « *J'accepterais* si j'étais Alexandre, dit Parménion, » et *moi aussi*, si j'étais Parménion, répond Alexandre. (Sous entendu *j'accepterais.*)

Nous avons déjà cité le *qu'il mourût* du vieil Horace, où l'ellipse devient sublime.

On peut citer aussi comme exemple du style ellip-

---

* Voir l'*Introduction*, page 10.

tique la réponse de Porus à Alexandre qui lui demande comment il veut être traité? — « *En roi.* » —

Dans la conversation familière il suffit que l'ellipse
ne nuise en rien à la clarté : Quand sortirez-vous?
Ce soir. — Quelle heure est-il ? — *Dix heures.* —
Comment vous portez-vous ?—*Bien.*—*Mal.*—*Mieux.*

Le sens est aussi clair que si la construction grammaticale était complète.

Le Pléonasme.

Le *Pléonasme* * est le contraire de l'ellipse : c'est en
général une *surabondance* dans l'expression, et qui a
pour but d'y donner plus de force. *Exemple* :

Et que *m'a fait à moi* cette Troie où je cours?

(RACINE, Iphigénie, IV, 6.)

Et cet autre exemple :

Mais enfin *je l'ai vu, vu de mes yeux,* vous dis-je.

(LA FONTAINE, liv. IX, Fab. 1.)

Il ne faut user du pléonasme qu'avec circonspection, car cette figure touche au bavardage comme
l'ellipse à l'obscurité.

Le pléonasme est vicieux, s'il n'ajoute rien à la force
de l'expression. Exemple :« Nous devons nous entr'ai-
» der *mutuellement les uns les autres.* » *Mutuellement*
exclut *les uns les autres ;* et réciproquement.

L'Inversion ou Hyperbate.

L'Inversion ** change, intervertit l'ordre assigné
aux mots dans la phrase par la syntaxe. Ex : D'où
viennent ces *craintes?*—Que *signifient* ces *discours?*

---

* Étymologie grecque : *abondance, plein.*
** Du latin *inversio.* Signifie *je renverse.*

Quand l'inversion intervertit brusquement l'ordre naturel du discours, elle prend le nom d'*Hyperbate*, mot qui signifie *aller au-delà*. — Il faut être sobre de cette figure, mais quand elle est heureusement employée, elle donne aux phrases du mouvement, de l'énergie, et met en relief l'idée principale. Bossuet, voulant faire sentir toute la grandeur de l'entreprise accomplie par les apôtres, dit: « Alors seulement, et ni » plus tôt ni plus tard, ce que les philosophes n'avaient » osé tenter, ce que les prophètes, ni le peuple juif » lorsqu'il a été le plus protégé et le plus fidèle, n'ont » pu faire, *douze pécheurs* envoyés par Jésus-Christ, » et témoins de sa résurrection, l'ont accompli. » (*Discours sur l'histoire universelle*, 2e partie, § XI.)

La place qu'il donne à ces mots *douze pécheurs* rend l'idée qu'il exprime d'autant plus frappante.

L'inversion est d'une grande ressource dans la poésie. Exemple :

Oui, quel que soit des cieux le superbe spectacle,
L'homme aux regards de l'homme est le premier miracle.

(DELILLE, l'*Imagination.*)

Autre exemple :

Cependant mon amour pour notre nation
A rempli ce palais de filles de Sion,
Jeunes et tendres fleurs *par le sort agitées*,
Sous un ciel étranger comme moi *transplantées*.
Dans un lieu séparé de profanes témoins,
Je *mets* à les former mon étude et mes soins.

(RACINE, *Esther*, I, 1.)

La Syllepse ou Synthèse.

Le mot *Syllepse* ou *Synthèse* marque l'action de comprendre, de contenir, ce qui l'a fait nommer aussi

Compréhension. Il y a syllepse toutes les fois qu'au lieu d'accorder un mot avec un autre, selon les règles grammaticales, on l'accorde de préférence avec celui auquel il correspond dans la pensée.

Exemples : Il *est dix* heures, l'*an mil huit cent cinquante.* — L'idée est seulement de marquer un temps précis, la dixième heure, la dix-huit cent cinquantième année, sans faire attention ni au genre ni au nombre des mots *heure* et *an.*

Racine emploie cette figure dans les vers suivants où le grand prêtre dit à Joas (*Athalie,* acte IV, sc.3):

Entre le pauvre et vous, vous prendrez Dieu pour juge ;
Vous souvenant, mon fils, que, *caché* sous ce lin,
Comme *eux* vous fûtes pauvre, et comme *eux* orphelin.

Les bons écrivains en prose emploient aussi la synthèse. Bossuet a dit :

« Quand le *peuple Hébreu* entra dans la Terre pro-
» mise tout y célébrait *leurs ancêtres.* »

Nous citerons encore cet exemple de Fénélon :

« C'est un sage législateur, qui, ayant donné à *sa na-*
» *tion* des lois propres à *les* rendre bons et heureux,
» *leur* fit jurer *qu'ils ne violeraient* aucune de ces
» lois pendant son absence. » (*Télémaque,* liv. XIV.)

La Répétition.

Cette figure, assez définie par son nom, s'emploie pour insister sur quelque preuve, sur quelque vérité, ou pour exprimer plus fortement un sentiment quelconque. Le cardinal Maury fournit un bel exemple de répétition dans ce discours où, après avoir rappelé les prodiges opérés par l'éloquence de saint

Augustin, il s'exprime ainsi : « Les habitants de Cé-
» sarée se séparent chaque année en deux troupes ho-
» micides, qui présentent au sein de la paix l'image
» d'une guerre civile, frères contre frères, pères con-
» tre enfants, époux contre épouses, et se lapident les
» uns les autres, pour s'exercer aux combats. Au mo-
» ment du carnage, Augustin *parle* : on l'écoute à
» peine. Il *parle* encore : on l'admire. Il *parle* encore :
» on est troublé. Il *parle* encore : les larmes coulent. Il
» *parle*, ou plutôt la nature et la grâce *parlent* avec
» lui : les armes tombent des mains ; tous ces barbares
» courent s'embrasser et se prosternent à ses pieds.
» Voilà le *triomphe* et le plus éclatant *triomphe* de
» son éloquence. » (*Panégyrique de saint Augustin*).

Voltaire fait le plus heureux usage de la *répétition*
dans le discours de Lusignan à Zaïre :

Ma fille, tendre objet de mes dernières peines,
Songe au moins, *songe* au *sang* qui coule dans tes veines :
C'est le *sang* de vingt rois tous chrétiens comme moi ;
C'est le sang des héros défenseurs de ma loi ;
C'est le sang des martyrs... O fille encor trop chère !
Connais-tu ton destin ? *sais-tu* quelle est ta mère ?
Sais-tu bien qu'à l'instant que son flanc mit au jour
Ce triste et dernier fruit d'un malheureux amour,
Je la vis massacrer par la *main* forcénée,
Par la *main* des brigands à qui tu t'es donnée !
Tes frères, ces martyrs égorgés à mes yeux,
T'ouvrent leurs bras sanglants, tendus du haut des cieux :
Ton Dieu que tu trahis, *ton Dieu* que tu blasphèmes,
Pour toi, pour l'univers est mort en ces lieux mêmes,
En ces lieux où mon bras le servit tant de fois,
En ces lieux où son sang te parle par ma voix.
Vois ces murs, *vois* ce temple envahi par tes maîtres :
Tout annonce le Dieu qu'ont vengé les ancêtres...

Tu ne saurais marcher dans cet auguste lieu,
Tu n'y peux faire un pas sans y trouver ton Dieu,
Et tu n'y peux rester sans renier ton père,
Ton honneur qui te parle, et ton Dieu qui t'éclaire.

(*Zaïre*, II, 4.)

La Conjonction.

La *Conjonction* * multiplie les particules conjoncti-
ves pour insister fortement sur un objet : comme dans
ce vers de Racine (*Iphigénie*, acte 1, sc. 1) :

Mais tout dort, *et* l'armée, *et* les vents, *et* Neptune.

La Bruyère se sert heureusement de la conjonction
lorsqu'il dit : Un sot *ni* n'entre, *ni* ne sort, *ni* ne s'as-
» sied, *ni* ne se lève, *ni* ne se tait, *ni* n'est sur ses
» jambes, comme un homme d'esprit. » (*Du mérite
personnel.*)

La Disjonction.

La Disjonction ** supprime les particules conjonc-
tives pour rendre le discours plus rapide. Ducis fournit un bel exemple de cette figure lorsqu'il fait dire
à Œdipe parlant à son fils Polynice :

Ton devoir, mes bienfaits, mes sanglots, ma misère,
Rien n'a pu t'attendrir sur ton malheureux père.

(*Œdipe à Colone*, acte III, sc. 5.)

Nous citerons encore l'exemple de J. B. Rousseau
dans sa *Cantate de Circé* :

Sa voix redoutable
Trouble les enfers ;
Un bruit formidable
Gronde dans les airs ;
Un voile effroyable
Couvre l'univers ;

---

* Étymologie latine. Signifie *uni, avec.*
** Signifie *disjoindre.*

La terre tremblante,
Frémit de terreur ;
L'onde turbulente
Mugit de frayeur ;
La lune sanglante
Recule d'horreur.

La Périphrase.

La *Périphrase* * ou *Circonlocution* désigne ou fait entendre par plusieurs paroles ce qui pourrait être exprimé en un seul mot. On l'emploie pour adoucir une proposition dure et odieuse.

Mithridate voulant rappeler les défaites que lui ont fait éprouver les Romains déguise par la périphrase suivante ce que le mot de vaincu aurait d'ignominieux :

Tandis que l'ennemi, par ma fuite trompé,
Tenait après son char un vain peuple occupé,
Et gravant en airain ses frêles avantages,
De mes États conquis enchaînait les images.
(RACINE, *Mithridate*, III, 1.)

La périphrase s'emploie aussi lorsqu'il s'agit de présenter dans le discours soutenu des idées, des images, des descriptions qui sans cette figure paraîtraient vulgaires.

Ainsi, dans le poème d'*Achille à Scyros*, par Luce de Lancival, Achille, pour faire entendre que le Centaure Chiron lui a enseigné la médecine, dit :

Sa prudence a voulu m'initier encore
Aux utiles secrets que le Dieu d'Épidaure
Pour le soulagement des malheureux humains
A confiés, dit-on, à ses savantes mains.

Delille fait un heureux emploi de la périphrase lorsque, voulant dire qu'il aime à préparer lui-même

* Étymologie grecque ; *autour... je parle.*

son café, à le brûler, le moudre, le faire bouillir, le
sucrer, etc., il l'apostrophe ainsi :

Que j'aime à préparer ton nectar précieux !
Nul n'usurpe chez moi ce soin délicieux :
Sur le réchaud brûlant, moi seul tournant ta graine,
A l'or de ta couleur fais succéder l'ébène;
Moi seul contre la noix qu'arment ses dents de fer,
Je fais, en le broyant, crier ton fruit amer;
Charmé de ton parfum, c'est moi seul qui dans l'onde
Infuse à mon foyer ta poussière féconde;
Qui tour-à-tour calmant, excitant tes bouillons,
Suis d'un œil attentif tes légers tourbillons.
Enfin de ta liqueur lentement reposée,
Dans le vase fumant la lie est déposée ;
Ma coupe, ton nectar, le miel américain
Que du suc des roseaux exprima l'Africain,
Tout est prêt, du Japon l'émail reçoit tes ondes,
Et seul tu réunis les tributs de deux mondes.

(Les trois Règnes, chant VI.)

Enfin madame Deshoulières pour dire : de l'*Orient*
à l'*Occident* s'exprime ainsi :

Du rivage heureux,
Où, vif et pompeux,
L'astre qui mesure
Les nuits et les jours,
Commençant son cours,
Rend à la nature
Toute sa parure;
Jusqu'en ces climats,
Où, sans doute las
D'éclairer le monde,
Il va chez Téthys
Rallumer dans l'onde
Ses feux amortis.

L'Euphémisme.

L'*Euphémisme* * fait passer une idée pénible ou dé-

---

* Mot d'étymologie grecque, signifie : *bien... je dis.*

sagréable sous une expression qui sert comme de voile à la pensée en l'adoucissant. C'est ainsi qu'on dit : *Il n'est plus jeune*, pour *il est vieux*; *ils ont vécu*, au lieu de dire, *ils sont morts*. On dit aussi quelquefois par euphémisme à un pauvre qui demande l'aumône : *Dieu vous assiste, Dieu vous bénisse*, plutôt que de lui dire, *je n'ai rien à vous donner*. De même un ouvrier qui a fini l'ouvrage pour lequel on l'a fait venir, et qui n'attend plus que son paiement pour se retirer, au lieu de dire *payez-moi*, dit par euphémisme : « *N'avez-vous plus rien à m'ordonner.* »

Les deux dernières figures dont nous venons de parler, la Périphrase et l'Euphémisme, pourraient être rangées au nombre des figures de pensées, mais on les classe ordinairement parmi les figures de mots parce qu'elles ont toutes deux pour objet de remplacer un mot qu'on veut éviter.

L'Onomatopée.

L'*Onomatopée* * est une figure par laquelle un mot imite dans sa prononciation le son naturel de ce qu'il signifie; ainsi l'on dit le *glouglou* d'une bouteille, le *cliquetis* des armes, le *tintement* d'une cloche.

§ II. DES TROPES.

Introduits dans le langage par la nécessité, les *Tropes* ** sont devenus un ornement dont le style ne saurait se passer. Le poète, l'orateur en font un fré-

---

* Mot qui vient du grec, et qui veut dire *je fais, je formule le nom*.

** Étymologie grecque. Signifie *tourner*, parce que le Trope change ou tourne le sens naturel d'un mot en un autre sens, pour l'appliquer à une nouvelle idée.

quent usage; le philosophe lui-même les emploie, et, comme on l'a plus d'une fois remarqué, tous les hommes, depuis l'écrivain qui pèse les mots et les syllabes, jusqu'au pâtre dans son langage inculte et naïf, se servent des Tropes, pour rendre leurs pensées et leurs sentiments avec plus d'énergie.

Les Tropes changent la signification propre des mots, en leur en donnant une autre qui ne leur convient qu'en vertu d'une comparaison tacite et abrégée. Mais, nous l'avons dit et nous le répétons, il faut que cette comparaison soit juste, claire, facile à saisir; on ne doit jamais oublier que toute expression substituée au terme propre est obligée de valoir mieux.

On compte un grand nombre de Tropes, les principaux sont : la *Métaphore*, l'*Allégorie*, la *Catachrèse*, la *Métonymie*, la *Synecdoche*, l'*Antonomase*.

La Métaphore.

La *Métaphore* * est la plus belle, la plus riche et la plus brillante de toutes les figures. Elle frappe par des images sensibles, elle met la vérité sous les yeux, elle donne de l'âme aux objets inanimés et du corps aux pensées. On dit par métaphore : le *printemps* de la vie; les *glaces* de l'âge; la *rapidité* de la pensée; la *profondeur* du raisonnement; être *ballotté* entre la crainte et l'espérance; *bercé* de chimères; *noirci* par la calomnie.

La métaphore heureusement employée, peint les objets sous des traits plus nobles, plus énergiques ou plus gracieux que ne le feraient les termes propres.

---

* Étymologie grecque. Signifie *translation*.

Ces vers de *Zaïre* (Acte III, sc. 5) :

Ce bras * qui rend la force aux plus faibles courages
Soutiendra ce *roseau plié* par les *orages*

offrent une métaphore aussi touchante que vraie.

Pourquoi trouve-t-on tant de charme dans ces deux vers de La Fontaine sur la mort du Sage ?

Approche-t-il du but, quitte-t-il ce séjour ;
Rien ne trouble sa fin : *c'est le soir d'un beau jour.*

(*Philémon et Baucis.*)

C'est que les métaphores qui s'y succèdent sont d'une justesse parfaite. *Approche-t-il du but :* le Sage, se confiant dans la justice divine, ne voit dans la mort que le dernier pas à franchir pour atteindre le but de la vie; ce but auquel tendent toutes ses pensées; *quitte-t-il ce séjour :* la terre n'est pour lui qu'un séjour passager, il est fait pour le ciel. Rien ne *trouble sa fin :* cet hémistiche rappelle l'idée d'une onde limpide, que rien n'altère. Enfin, *c'est le soir d'un beau jour :* gracieuse et touchante image pour représenter la fin de la vie. Ce n'est pas la tombe qui s'ouvre sous nos yeux pour recevoir le Sage ; c'est le soleil qui se retire d'un ciel pur pour reparaître quelques heures après resplendissant et radieux.

Il faut éviter l'excès dans l'usage des métaphores; prodiguées, elles se nuiraient et l'effet en serait manqué. Il faut aussi qu'elles aient un rapport exact et naturel avec les pensées et les objets qu'elles représentent, et qu'elles ne décèlent ni le travail ni l'affectation.

---

* Le bras de Dieu.

La métaphore est défectueuse quand elle est forcée, quand elle est prise de loin, quand elle manque de justesse ou qu'elle exprime des idées qui ne peuvent s'allier comme dans les vers suivants de J.-B. Rousseau :

Et les jeunes *zéphirs*, de leurs *chaudes* haleines
  Ont *fondu* l'*écorce* des eaux.

où se trouvent deux images qui se contrarient : on ne fond pas une écorce.

De même dans ces vers de Malherbe :

Prends ta *foudre*, Louis, et va comme un *lion*,
Porter le dernier coup à la *dernière tête*
   De la rébellion.

où le poète compare successivement Louis XIII à Jupiter s'armant de la foudre, à un lion, et à Hercule terrassant l'hydre de Lerne.

L'Allégorie.

L'*Allégorie* * est une métaphore continuée. Elle exprime une chose pour en faire entendre une autre. La métaphore ne porte que sur un mot, une phrase et n'offre qu'une image ; l'allégorie développe la métaphore et accumule les images relatives au même objet ; mais elle présente ces images en quelque sorte dissimulées, et environnant comme d'un voile la pensée de l'écrivain. L'allégorie est à la métaphore ce qu'un emblème est à une image. Rien de plus gracieux et de plus élégant que cette allégorie employée par La Fontaine pour exprimer les dangers et les écueils du pouvoir :

---

* Étymologie grecque. Signifie *autre discours*.

Lorsque sur cette mer on vogue à pleines voiles,
Qu'on croit avoir pour soi les vents et les étoiles,
Il est bien mal aisé de régler ses désirs ;
Le plus sage s'endort sur la foi des zéphirs.

                              (*Élégie pour M. Fouquet.*)

On trouve dans la *Henriade* (chant III), une allégorie soutenue pendant dix vers, sans la moindre apparence d'efforts ni le moindre défaut de justesse. L'auteur veut peindre Henri III à l'instant où la Ligue
commence d'éclater contre lui. Le monarque tente
un effort passager pour sortir de son indolence ; mais
bientôt il se replonge dans le sein de la mollesse et
des plaisirs. Voilà le sens réel ; voici l'allégorie :

Valois se réveilla du sein de son ivresse.
Ce bruit, cet appareil, ce danger qui le presse,
Ouvrirent un moment ses yeux appesantis ;
Mais du jour importun ses regards éblouis,
Ne distinguèrent point, au fort de la tempête,
Les foudres menaçants qui grondaient sur sa tête ;
Et bientôt fatigué d'un moment de réveil,
Las, et se rejetant dans les bras du sommeil,
Entre ses favoris, et parmi les délices,
Tranquille, il s'endormit au bord des précipices.

Si l'allégorie se prolonge pendant toute la durée
d'un morceau, ce n'est plus seulement alors une figure,
c'est une composition allégorique. A ce genre appartiennent l'apologue, la fable, les paraboles.

Très-souvent l'allégorie personnifie des êtres moraux. M. de Châteaubriand peint ainsi l'Espérance dans
son poème *des Martyrs*, livre XXIII.

. « Il est dans le ciel une Puissance divine, compagne
» assidue de la Religion et de la Vertu ; elle nous aide
» à supporter la vie, s'embarque avec nous pour nous

» montrer le port dans les tempêtes, également douce
» et secourable aux voyageurs célèbres, aux passagers
» inconnus. Quoique ses yeux soient couverts d'un ban-
» deau, ses regards pénètrent l'avenir ; quelquefois
» elle tient des fleurs naissantes dans sa main, quel-
» quefois une coupe pleine d'une liqueur enchante-
» resse ; rien n'approche du charme de sa voix, de la
» douceur de son sourire ; plus on avance vers le tom-
» beau, plus elle se montre pure et brillante aux mor-
» tels consolés ; la Foi et la Charité lui disent : Ma
» sœur ! et elle se nomme l'*Espérance.* »

Ces sortes d'allégories demandent beaucoup de précision et de netteté dans les idées comme dans l'expression ; sans quoi elles deviendraient des énigmes
indéchiffrables ; car, comme le dit Lemierre, dans ce
vers où il donne à la fois le précepte et l'exemple :

L'Allégorie habite un palais *diaphane.*

La Catachrèse.

La *Catachrèse* * est une sorte de métaphore à laquelle
on a recours par nécessité quand une langue ne fournit
pas d'expression propre. Ainsi l'on dit : une *feuille* de
papier, les *ailes* d'un bâtiment, d'un moulin ; les *pieds*
d'une table, les *bras* d'un fauteuil ; les *rênes* de l'État ;
aller à cheval sur un âne, sur un bâton ; être à *la
tête* de l'administration, au *timon* des affaires.

La Métonymie.

La *Métonymie,* mot qui veut dire changement de
nom, consiste à nommer 1° la *cause* pour l'effet :

---

* Étymologie grecque. Signifie *abus.*

Le *trident* de Neptune est le *sceptre* du monde.

(LEMIERRE.)

Il possède à fond *Horace* et *Virgile*. Il sait par cœur tout *Racine*.

2° L'*effet* pour la cause :

« Cette montagne n'a point d'*ombre* », pour dire qu'elle n'a point d'*arbres*. —« Un pays bien *arrosé* », pour un pays qui a des rivières, des fleuves.

3° Le *contenant* pour le contenu :

« La *Terre* se *tut* devant Alexandre » (tous les peuples).

« La *France* a toujours *marché* à la tête de la civi-»lisation. »

4° Le *signe* pour la chose signifiée :

Le *Croissant*, pour l'Empire ottoman ;

L'*épée*, pour la profession des armes ;

Le *laurier*, pour la gloire ;

L'*olivier*, pour la paix.

5° Le *lieu où se fait une chose*, pour la chose elle-même :

Un *madras*, pour un mouchoir fabriqué à Madras ; un *cachemire*, pour un châle fabriqué dans cette partie de l'Inde ou imité de ceux qu'on y fabrique.

J.-B. Rousseau, pour dire que Cicéron méditait sur la philosophie d'Aristote et de Zénon, s'exprime comme il suit :

C'est là que ce Romain, dont l'éloquente voix
D'un joug presque certain sauva sa République,
Fortifiait son cœur dans l'étude des lois,
    Et du *Lycée* et du *Portique*.

(*Ode* 3, liv. II.)

La Synecdoche.

La Synecdoche ou *Synecdoque* * fait concevoir à l'esprit *plus* ou *moins* que le mot ne signifie dans le sens propre. On l'emploie en prenant :

1° La *partie* pour le tout.

Hippolyte dit à Théramène (*Phèdre*, acte I, sc. 1) :

Depuis plus de six mois, éloigné de mon père,
J'ignore le destin d'une *tête si* chère.

La tête est là pour la personne. De même on dit le *toit*, le *foyer* pour la maison; *cent voiles*, pour cent vaisseaux; seize *printemps*, pour seize années; dix mille *âmes*, pour dix mille habitants.

2° Le *tout* pour la partie, comme lorsqu'on dit un *castor*, pour désigner un chapeau fait de poils de castor; mais cet usage de la synecdoche est rare.

3° Le *genre* pour l'espèce, quand on dit : les *mortels*, pour les hommes.

Delille après avoir raconté l'histoire de Pelisson captif et d'une araignée qu'il avait apprivoisée, et qu'un geôlier tua méchamment, ajoute cette réflexion :

L'*insecte* fut sensible et l'homme fut barbare.

L'*insecte*, nom de genre, est mis pour l'araignée *espèce* d'insecte.

4° On prend le nom de *l'espèce* pour celui du genre. Exemples : La saison *des roses*, pour la saison des fleurs; manquer *de pain*, pour manquer des choses nécessaires à la vie.

5° Le *singulier* pour le *pluriel* ou le *pluriel* pour le

---

* Étymologie grecque. Signifie *compréhension.*

singulier : L'*ennemi* est en fuite ; les *cieux* instruisent la terre.

6° Au lieu de nommer l'objet même on nomme la *matière* dont il est fait : Le *fer* pour l'épée ; armé d'un *fer* vengeur ; l'*airain* pour le *canon.*

7° Enfin on emploie un nombre *certain* pour un nombre incertain : Je vous l'ai dit *vingt* fois, *cent* fois ; pour je vous l'ai dit plusieurs fois, souvent.

L'Antonomase.

L'Antonomase *, espèce de synecdoche, est une figure par laquelle on met un nom *propre* pour un nom commun, ou un nom *commun* pour un nom propre.

On dit par antonomase : *un Caton* pour un sage ; *un Démosthènes, un Cicéron,* pour un grand orateur.

On dit également le *Prince des orateurs, l'Orateur romain,* pour Cicéron ;

Le *Prophète-Roi,* le *Psalmiste,* pour David ;

L'Apôtre, pour saint Paul.

Casimir Delavigne a dit dans sa tragédie des *Vêpres siciliennes* (Acte V, sc. 2) :

Le peuple, prosterné sous ces voûtes antiques,
Avait du *Roi-Prophète* entonné les cantiques.

Questionnaire.

Qu'est-ce que les Figures en général ? — Qu'entend on par Figures de mots et Figures de pensées ?—Quelles sont les Figures de mots proprement dites ? Qu'est-ce que l'Ellipse ? Le Pléonasme ? L'Inversion ? La Répétition ? Le Syllepse ou Synthèse ? La Conjonction ? La Disjonction ? L'Euphémisme ? L'Onomatopée ? — Qu'est-ce que les Tropes ? — Comment ont-ils été introduits dans le langage ?—Changent-ils la signification des mots ? — Quels sont les principaux Tropes ? Qu'est-ce

* Étymologie grecque. Signifie *au lieu de nom.*

que la Métaphore? L'Allégorie? La Catachrèse? La Métonymie? Le Synecdoche? L'Antonomase?

CHAPITRE V.

—

DES FIGURES DE PENSÉES.

Il serait impossible d'énumérer toutes les formes
que la pensée peut revêtir. Cependant les rhéteurs en
ont remarqué un certain nombre qui produisent généralement une impression vive et profonde, et qui sont
tellement liées à la pensée que la figure subsiste toujours, quels que soient les mots qu'on emploie pour
l'exprimer. Ils ont donc désigné ces formes privilé-
giées sous le nom de *figures de pensées*, et ils ont donné
à chacune d'elles un nom particulier.

Nous allons passer en revue les principales, en es-
sayant de les classer entre elles. Ainsi nous indique-
rons :

1° Les figures qu'emploie l'orateur pour fortifier
ses *preuves* ;

2° Celles qu'il emploie plus spécialement pour communiquer aux autres les *sentiments* dont il est animé ;

3° Les figures de *pur ornement*.

§ I. 1° FIGURES QUI SERVENT A PROUVER.

Nous nommerons : la *Prétermission*, la *Correction*,
la *Dubitation*, la *Concession*, la *Communication*, la
Subjection, la *Gradation*.

La Prétermission.

La *Prétermission*, ou *Prétérition* est une façon

de parler négative par laquelle tout en annonçant préalablement qu'on veut passer sous silence certains faits, certaines circonstances, on les dit néanmoins. Ex. : *Je ne vous rappellerai pas* vos promesses; *je ne vous reprocherai pas* votre ingratitude.

La *Prétermission*, sans rien ôter de leur valeur aux choses qu'elle semble écarter, fortifie beaucoup le point sur lequel insiste l'orateur. Ainsi en est-il dans cet exemple :

Je ne veux point ici rappeler le passé,
Ni vous rendre raison du sang que j'ai versé :
Ce que j'ai fait, Abner, j'ai cru le devoir faire.
(RACINE, *Athalie*, II, 5.).

Et dans celui-ci, où Massillon, après avoir cité la peinture que fait de la langue l'apôtre saint Jacques, poursuit ainsi : « Et voilà *ce que j'appliquerais* à la langue » du médisant, si *j'avais entrepris* de vous donner une » idée juste et naturelle de toute l'énormité de ce vice : » *je vous aurais dit* que la langue du détracteur est » un feu dévorant qui flétrit tout ce qu'il touche; » qui exerce sa fureur sur le bon grain comme sur la » paille; sur le profane comme sur le sacré; qui ne » laisse, partout où il a passé que la ruine et la déso- » lation; qui creuse jusque dans les entrailles de la » terre, et va s'attacher aux choses les plus cachées; » qui change en de viles cendres, ce qui nous avait » paru, il n'y a qu'un moment, si précieux et si bril- » lant; qui, dans le temps même qu'il paraît couvert » et presque éteint, agit avec plus de violence et de » danger que jamais; qui noircit ce qu'il ne peut con- » sumer; et qui sait plaire et briller quelquefois avant

» que de nuire : *Lingua ignis est. Je vous aurais dit* que
» la médisance est un assemblage d'iniquités; un or-
» gueil secret, qui nous découvre la paille dans l'œil de
» notre frère, et nous cache la poutre qui est dans le nô-
» tre; etc., etc. (*Sermon sur la Médisance*, Ire partie.)

La Correction.

Par *la Correction* *, après avoir exprimé une pensée
on se reprend soi-même, comme si l'on voulait dire
mieux ou autrement. Exemple :

...... Cédons au sang, à l'amitié,
Et ne rougissons plus d'une juste pitié :
Qu'elle vive.... Mais quoi ! peu jaloux de ma gloire,
Dois-je au superbe Achille accorder la victoire?

(RACINE, *Iphigénie*, IV, 8.)

Et encore :

Étrangère.... que dis-je ? esclave dans l'Épire.

(RACINE, *Andromaque*, II, 5.)

Bossuet, dans l'exorde de *l'oraison funèbre de Henriette d'Angleterre*, MADAME, sœur du roi, fait cette
correction sublime :

« Non, après ce que nous venons de voir, la santé
» n'est qu'un nom, la vie n'est qu'un songe, la gloire
» n'est qu'une apparence, les grâces et les plaisirs ne
» sont qu'un dangereux amusement : tout est vain en
» nous, excepté le sincère aveu que nous faisons de-
» vant Dieu de nos vanités, et le jugement arrêté qui
» nous fait mépriser tout ce que nous sommes.

» Mais dis-je la vérité? L'homme, que Dieu a fait à son
» image, n'est-il qu'une ombre? Ce que Jésus-Christ

---

* Du latin *correctio*.

» est venu chercher du ciel en la terre, ce qu'il a cru
» pouvoir, sans se ravilir, acheter de tout son sang,
» n'est-ce qu'un rien? Reconnaissons notre erreur.
» Sans doute ce triste spectacle des vanités humaines
» nous imposait; et l'espérance publique, frustrée
» tout-à-coup par la mort de cette princesse, nous
» poussait trop loin. Il ne faut pas permettre à l'hom-
» me de se mépriser tout entier, de peur que, croyant
» avec les impies que notre vie n'est qu'un jeu où rè-
» gne le hasard, il ne marche sans règle et sans con-
» duite au gré de ses aveugles désirs. »

La Dubitation.

Née de l'interrogation, mais n'ayant pas un ton aussi
impérieux, *la Dubitation** n'est ni moins puissante ni
moins victorieuse. Elle obtient tout par douceur; sa
forme seule inspire la confiance. Portant le caractère de
la vérité, elle annonce un esprit modeste, persuadé de
la validité de ses raisons, et qui les soumet néanmoins à
l'examen de son auditoire ou de son adversaire. Nous
citerons ce bel exemple de dubitation pris dans un sermon de Bourdaloue sur la nativité de Jésus-Christ :

« J'annonce un Sauveur humble et pauvre, mais je
» l'annonce aux grands du monde et aux riches du
» monde ; je l'annonce à des hommes qui, pour être
» chrétiens de profession, ne laissent pas d'être remplis
» des idées du monde. Que leur dirai-je donc, Seigneur,
» et de quels termes me servirai-je pour leur proposer le
» mystère de votre humilité et de votre pauvreté ? Leur

---

* Du latin *dubitatio* doute.

» dirai-je : ne craignez point? dans l'état où je les
» suppose, ce serait les tromper. Leur dirai-je : crai-
» gnez? je m'éloignerais de l'esprit du mystère même
» que nous célébrons, et des pensées consolantes qu'il
» inspire et qu'il doit inspirer aux plus grands pécheurs.
» Leur dirai-je : affligez-vous, pendant que tout le
» monde chrétien est dans la joie? Leur dirai-je : con-
» solez-vous, pendant qu'à la vue d'un Sauveur, qui
» condamne toutes leurs maximes, ils ont tant de rai-
» son de s'affliger? Je leur dirai, ô mon Dieu! l'un et
» l'autre : et par là je satisferai au devoir que vous m'im-
» posez. Je leur dirai : affligez-vous et consolez-vous,
» car je vous annonce une nouvelle qui est tout à la fois
» pour vous un sujet de crainte et un sujet de joie. »

Quelquefois la *Dubitation* exprime véritablement
l'incertitude, et cette figure est alors très-énergique,
comme dans les paroles suivantes du dernier des Grac-
ques, paroles que ses ennemis eux-mêmes, dit Cicéron, ne purent entendre sans pleurer :

« Misérable, où irai-je? quel asile me reste-t-il? Le
Capitole? il est teint du sang de mon frère. Ma maison?
j'y verrais ma malheureuse mère fondre en larmes et
mourir de douleur. »

La Concession.

Par *la Concession* [*] l'orateur semble accorder quelque chose à son adversaire, mais pour en tirer ensuite
avantage contre lui.

Antoine se sert habilement de cette figure pour faire
l'éloge de César assassiné, sans choquer toutefois, par cet

---

[*] Du latin *concessio.*

éloge, l'enthousiasme républicain qui disposait le peuple
à l'indulgence envers ceux qui avaient tué le dictateur :

Contre ses meurtriers je n'ai rien à vous dire ;
C'est à servir l'État que leur grand cœur aspire.
De votre dictateur ils ont percé le flanc ;
Comblés de ses bienfaits, ils sont teints de son sang.
Pour forcer des Romains à ce coup détestable,
Sans doute il fallait bien que César fût coupable ;
Je le crois. Mais enfin César a-t-il jamais
De son pouvoir sur vous appesanti le faix ?
A-t-il gardé pour lui le fruit de ses conquêtes ?
Des dépouilles du monde il couronnait vos têtes.

(VOLTAIRE, la Mort de César, III, 8.)

La Communication.

La *Communication* * est une figure par laquelle
l'orateur expose avec confiance ses idées et ses sentiments, et semble les subordonner à l'opinion de ses auditeurs, assuré par là de se rendre maître de leur esprit.
Massillon donne un bel exemple de communication
dans son sermon si célèbre *sur le petit nombre des élus.*

« Or, je vous demande, et je vous le demande
» frappé de terreur, ne séparant pas en ce point mon
» sort du vôtre, et me mettant dans la même disposition
» où je souhaite que vous entriez ; je vous demande
» donc : si Jésus-Christ paraissait dans ce temple, au
» milieu de cette assemblée, la plus auguste de l'uni-
» vers, pour nous juger, pour faire le terrible discèr-
» nement des boucs et des brebis, croyez-vous que le
» plus grand nombre de tout ce que nous sommes ici
» fût placé à la droite ? croyez-vous que les choses du
» moins fussent égales ? croyez-vous qu'il s'y trouvât

---

* Du latin *communicatio.*

» seulement dix justes que le Seigneur ne put trouver
» autrefois en cinq villes tout entières? Je vous le
» demande, vous l'ignorez, et je l'ignore moi-même. »

La Subjection.

L'orateur emploie *la Subjection* lorsqu'il s'interroge,
et répond lui-même à ses propres questions qui pourraient lui être faites par ses adversaires.

La *Communication* et la *Subjection* ont beaucoup de
rapport avec l'*Interrogation* qui nous semble cependant
dant avoir plus de rapport avec les figures de la classe
suivante où nous la retrouverons.

Exemple de subjection :

« Vous ne faites que ce que font les autres? mais ainsi
» périrent, du temps de Noé, tous ceux qui furent en-
» sevelis sous les eaux du déluge ; du temps de Nabu-
» chodonosor, tous ceux qui se prosternèrent devant la
» statue sacrilége ; du temps d'Élie, tous ceux qui flé-
» chirent le genou devant Baal ; du temps d'Éléazar,
» tous ceux qui abandonnèrent la loi de leurs pères. Vous
» ne faites que ce que font les autres, mais c'est ce que
» l'Écriture vous défend : *Ne vous conformez point à*
» *ce siècle corrompu,* nous dit-elle : or le siècle cor-
» rompu n'est pas le petit nombre de justes que vous
» n'imitez point ; c'est la multitude que vous suivez !
» Vous ne faites que ce que font les autres ! vous aurez
» donc le même sort qu'eux. » (MASSILLON, *sermon*
» *sur le petit nombre des élus,* 2ᵉ partie.)

La Gradation.

La *Gradation* * consiste à placer les mots, et surtout

---

* Du latin *gradatus.*

les pensées, de manière à ce que le discours s'élève
comme par degrés; qu'une image vive en amène une
autre plus vive encore, et que la force et l'énergie dans
les expressions aillent toujours en croissant. Nous ci-
térons seulement cette période de Cicéron dans sa première *Catilinaire*, où la gradation est descendante d'a-
bord, et ensuite ascendante :

« Tu ne fais rien, tu ne trames rien, tu ne pro-
» jettes rien, dont je ne sois instruit à point nommé. »

§ II. 2° FIGURES PROPRES A EXPRIMER LES SENTIMENTS VIFS, LES PASSIONS.

Ces figures sont : l'*Apostrophe*, l'*Exclamation*,
l'*Interrogation*, l'*Imprécation*, l'*Obsécration*, la
Prosopopée, l'*Hypotypose*, l'*Optation*, la *Suspen-
sions*, l'*Ironie*, la *Réticence*, la *Litote*.

L'Apostrophe.

L'*Apostrophe* * est le mouvement d'une imagination fortement ébranlée, d'une âme puissamment af-
fectée. Par cette figure l'orateur s'interrompt tout-à-
coup pour s'adresser à quelques personnes présentes
ou absentes, vivantes ou mortes, et même quelquefois
à des objets inanimés.

Bossuet emploie souvent l'apostrophe. Nous citerons
cet exemple où, après avoir parlé des Mages qui sont
venus adorer Jésus-Christ, s'adressant aux philosophes
et aux savants de son temps, il leur fait voir qu'en s'ap-
pliquant aux sciences physiques ou en s'occupant des

---

* Étymologie grecque : *loin de... tourner.*

sciences abstraites *qu'on appelle mathématiques*, ils
peuvent, de vérité en vérité, aller jusqu'à Dieu qui est
*la vérité des vérités, la source de la vérité, la vérité
même ;* puis il conclut que c'est lui qu'ils doivent chercher dans ces hautes sciences , et termine ainsi : :
« Cultivez donc ces sciences, mais ne vous y laissez
» pas absorber. Ne présumez pas être quelque chose
» plus que les autres, parce que vous savez les pro-
» priétés et les raisons des grandeurs et des petitesses :
» vaine pâture des esprits curieux et faibles, qui,
» après tout, ne mène à rien qui existe, et qui n'a
» rien de solide qu'autant que, par l'amour de la vé-
» rité et l'habitude de la connaître dans des objets cer-
» tains, elle fait chercher la véritable et utile certitude
» en Dieu seul. » *(Élévations sur les Mystères.)*

Autre exemple d'apostrophe :

Non, princes, ce n'est point au bout de l'univers
Que Rome fait sentir tout le poids de ses fers ;
Mais de près inspirant les haines les plus fortes,
Tes plus grands ennemis, Rome, sont à tes portes.

(Racine, *Mithridate*, III, 4.)

Voici encore un exemple d'apostrophe tiré de Delille
dans son dithyrambe sur *l'immortalité de l'âme :*

Oui, vous qui, de l'Olympe usurpant le tonnerre,
Des éternelles lois renversez les autels,
    Lâches oppresseurs de la terre,
    Tremblez, vous êtes immortels !
Et vous, vous du malheur victimes passagères,
Sur qui veillent d'un Dieu les regards paternels,
Voyageurs d'un moment aux terres étrangères,
    Consolez-vous, vous êtes immortels !

L'Exclamation.

L'Exclamation est l'expression forte et soudaine

d'un vif sentiment de l'âme ; elle éclate d'ordinaire par des interjections.

Cornélie, entendant vanter la douleur de César à la vue des restes de Pompée, s'écrie :

O soupirs ! ô respect ! ô qu'il est doux de plaindre
Le sort d'un ennemi lorsqu'il n'est plus à craindre !
(CORNEILLE, La Mort de Pompée, V, 1.)

Bossuet, dans l'oraison *funèbre de Henriette d'Angleterre*, duchesse d'Orléans, après cette exclamation : « O nuit désastreuse! ô nuit effroyable ! où retentit tout- » à-coup, comme un éclat de tonnerre, cette étonnante » nouvelle : MADAME se meurt ! MADAME est morte! » fut obligé de s'arrêter, interrompu par les pleurs et les sanglots de son auditoire.

L'*Exclamation*, quand elle se trouve seulement à la fin d'un récit, ou bien lorsqu'elle consiste en une courte réflexion sur le sujet dont on vient de parler, prend le nom d'*Épiphonème* *. En voici des exemples :

Zaïre, attendric à l'aspect de Lusignan, s'écrie :

Mes larmes, malgré moi, me dérobent sa vue :
Ainsi que ce vieillard, j'ai langui dans les fers :
Qui ne sait compatir aux maux qu'on a soufferts !
(VOLTAIRE, Zaïre, II, 2.)

Dans l'*Oreste* du même auteur (Acte V, sc. 2.), Iphise vient annoncer à Électre qu'on s'émeut en faveur du sang d'Agamemnon :

Ceux même dont Égysthe est toujours entouré,
A ce grand nom d'Oreste ont déjà murmuré.
J'ai vu de vieux soldats, qui servaient sous le père,
S'attendrir sur le fils et frémir de colère :

---

* Etymologie grecque : mot qui signifie *exclamation*.

Tant au cœur des humains la justice et les lois,
Même aux plus endurcis font entendre leur voix!

L'Interrogation.

Par l'*Interrogation* on adresse à ses adversaires diverses questions, moins pour éclaircir un doute que pour presser, convaincre ou confondre ceux à qui l'on parle. Ainsi Hermione, dans son désespoir en apprenant la mort de Pyrrhus, dit à Oreste :

Mais parle, de son sort qui t'a rendu l'arbitre ?
Pourquoi l'assassiner ? Qu'a-t-il fait ? à quel titre ?
Qui te l'a dit ?

(RACINE, *Andromaque*, V, 3.)

De même dans *Iphigénie*, Achille manifeste son indignation par une suite d'interrogations toutes plus pressantes les unes que les autres.

Juste ciel ! puis-je entendre et souffrir ce langage ?
Est-ce ainsi qu'au parjure on ajoute l'outrage ?
Moi, je voulais partir aux dépens de ses jours.
Et que m'a fait à moi cette Troie où je cours ?
Aux pieds de ses remparts quel intérêt m'appelle ?
Pour qui, sourd à la voix d'une mère immortelle,
Et d'un père éperdu, négligeant les avis,
Vais-je y chercher la mort tant prédite à leur fils ?
Jamais vaisseaux partis des rives du Scamandre,
Aux champs Thessaliens osèrent-ils descendre ?
Et jamais dans Larisse un lâche ravisseur
Me vint-il enlever ou ma femme ou ma sœur ?
Qu'ai-je à me plaindre ? où sont les pertes que j'ai faites ?

(RACINE, *Iphigénie*, IV, 6.)

L'Imprécation.

Le nom de cette figure contient sa définition : c'est l'expression de la haine, de la fureur, et de l'indignation portée au dernier degré. Les imprécations de

7.

Didon, dans l'*Énéide* de Virgile, et celles de Camille,
dans *Horace*, de Corneille, sont célèbres : Nous citerons
celles d'Agrippine s'adressant à son fils Néron :

Mais je veux que ma mort te soit même inutile :
Ne crois pas que mourant je te laisse tranquille :
Rome, ce ciel, ce jour que tu reçus de moi,
Partout, à tout moment, m'offriront devant toi.
Tes remords te suivront comme autant de Furies :
Tu croiras les calmer par d'autres barbaries ;
Ta fureur, s'irritant soi-même dans son cours,
D'un sang toujours nouveau marquera tous tes jours.
Mais j'espère qu'enfin le Ciel, las de tes crimes,
Ajoutera la perte à tant d'autres victimes ;
Qu'après t'être couvert de leur sang et du mien,
Tu te verras forcé de répandre le tien ;
Et ton nom paraîtra, dans la race future,
Aux plus cruels tyrans, une cruelle injure.

(RACINE, *Britannicus*, V, 6.)

L'Obsécration.

L'*Obsécration* ou *Déprécation* présente à celui qu'on
veut fléchir tous les objets capables d'émouvoir ou d'attendrir son cœur. C'est ainsi qu'Aman, invoquant la
pitié d'Esther lui dit :

Par le salut des Juifs, par ces pieds que j'embrasse,
Par ce sage vieillard, l'honneur de votre race,
Daignez d'un roi terrible apaiser le courroux ;
Sauvez Aman qui tremble à vos sacrés genoux !

(RACINE, *Esther*, III, 5.)

La Prosopopée

La *Prosopopée* ou *Personnification** va plus loin
encore que l'apostrophe : elle fait parler et agir les absents, évoque les morts, anime les objets insensibles.

---

* Etymologie grecque : *personne... je suppose.*

L'éloquence et la poésie ont seules le privilége d'employer la prosopopée; encore ne peuvent-elles y recourir qu'en des circonstances particulières et rares, car si cette figure ne produit pas un grand effet elle devient ridicule et glace les auditeurs au lieu de les électriser.

Il y a dans la première *Catilinaire* un bel exemple de prosopopée : Cicéron y fait parler l'Italie, la Patrie, la République entière. C'est aussi une saisissante prosopopée que celle qui signale le premier chant de la *Pharsale* de Lucain où la Patrie, sous la forme d'un fantôme, apparaît tout-à-coup devant César prêt à franchir le Rubicon, et le supplie de respecter cette barrière sacrée et de renoncer à la guerre civile. Nos grands orateurs de la chaire ont employé avec succès la prosopopée. Bossuet dans *l'oraison funèbre du prince de Condé*, ayant appelé en quelque sorte toute la France à la solennité de ses funérailles poursuit ainsi :

« Jetez les yeux de toutes parts : voilà tout ce
» qu'a pu faire la magnificence et la piété pour honorer
» un héros : des titres, des inscriptions, vaines marques
» de ce qui n'est plus ; des figures qui semblent pleu-
» rer autour d'un tombeau, et des fragiles images d'une
» douleur que le temps emporte avec tout le reste ; des
» colonnes qui semblent vouloir porter jusqu'au ciel le
» magnifique témoignage de notre néant : et rien enfin
» ne manque dans tous ces honneurs, que celui à qui
» on les rend. Pleurez donc sur ces faibles restes de
» la vie humaine ; pleurez sur cette triste immortalité
» que nous donnons aux héros ; mais approchez en par-
» ticulier, ô vous qui courez avec tant d'ardeur dans

« la carrière de le gloire, âmes guerrières et intrépides;
« Quel autre fut plus digne de vous commander? etc. »

Fléchier, dans l'exorde de *l'oraison funèbre du duc
de Montausier*, si connu pour sa noble franchise, fournit un exemple remarquable de prosopopée. « Oserais-
» je, dit-il, employer pour le louer la fiction et le
» mensonge? Ce tombeau s'ouvrirait, ces ossements
» se rejoindraient pour me dire : Pourquoi viens-tu
» mentir pour moi, qui ne mentis jamais pour per-
» sonne? Ne me rends pas un honneur que je n'ai pas
» mérité, à moi qui n'en voulus jamais rendre qu'au
» vrai mérite. Laisse-moi reposer dans le sein de la
» vérité et ne viens pas troubler ma paix par la flatterie
» que je hais, etc. »

Fénélon, dans un *sermon pour la fête de l'Épiphanie*, parcourt l'Europe et le globe entier avec l'essor
d'un génie prophétique, et avec l'impétuosité des mouvements les plus soutenus, les plus entraînants et les
plus variés, pour mieux célébrer les conquêtes de la
Croix dans l'Orient, et continue son discours par cette
belle prosopopée. « Que reste-t-il? Peuples des extrémi-
» tés de l'Orient, votre heure est venue. Alexandre, ce
» conquérant rapide, que Daniel dépeint comme ne tou-
» chant pas la terre de ses pieds, lui qui fut si jaloux
» de subjuguer le monde entier, s'arrêta bien loin au
» deçà de vous : mais la charité va plus loin que l'or-
» gueil. Ni les sables brûlants, ni les déserts, ni les
» montagnes, ni la distance des lieux, ni les tempêtes,
» ni les écueils de tant de mers, ni l'intempérie de l'air,
» ni le milieu fatal de la ligne, où l'on découvre un ciel

» nouveau, ni les flottes ennemies, ni les côtes barbares,
» ne peuvent arrêter ceux que Dieu envoie. Qui sont
» ceux-ci qui volent comme les nuées? Vents, portez-
» les sur vos ailes. Que le Midi, que l'Orient, que les
» îles inconnues les attendent, et les regardent en si-
» lence venir de loin. Qu'ils sont beaux les pieds de
« ces hommes qu'on voit venir du haut des montagnes,
» apporter la paix, annoncer les biens éternels, prêcher
» le salut, et dire : O Sion, ton Dieu régnera sur toi !
» Les voici ces nouveaux conquérants, qui viennent sans
» armes, excepté la croix du Sauveur. Ils viennent, non
» pour enlever les richesses et répandre le sang des vain-
» cus, mais pour offrir leur propre sang et commu-
» niquer le trésor céleste.

» Peuples qui les vîtes venir, quelle fut d'abord votre
» surprise, et qui peut la représenter? Des hommes qui
» viennent à vous sans être attirés par aucun motif, ni
» de commerce, ni d'ambition, ni de curiosité; des
» hommes qui sans vous avoir jamais vus, sans savoir
» même où vous êtes, vous aiment tendrement, quittent
» tout pour vous, et vous cherchent au travers de toutes
» les mers avec tant de fatigues et de périls, pour vous
» faire part de la vie éternelle qu'ils ont découverte !
» Nations ensevelies dans l'ombre de la mort, quelle lu-
» mière sur vos têtes! »

Enfin nous citerons cet exemple pris dans la tragédie d'*Athalie* (Acte II, sc. 5.), lorsque cette reine dit :

C'était pendant l'horreur d'une profonde nuit;
Ma mère Jézabel devant moi s'est montrée,
Comme au jour de sa mort, pompeusement parée;

Ses malheurs n'avaient point abattu sa fierté ;
Même elle avait encor cet éclat emprunté
Dont elle eut soin de peindre et d'orner son visage,
Pour réparer des ans l'irréparable outrage :
« Tremble, m'a-t-elle dit, fille digne de moi ;
» Le cruel Dieu des Juifs l'emporte aussi sur toi.
» Je te plains de tomber dans ses mains redoutables,
» Ma fille. » En achevant ces mots épouvantables,
Son ombre vers mon lit a paru se baisser ;
Et moi je lui tendais les mains pour l'embrasser ;
Mais je n'ai plus trouvé qu'un horrible mélange
D'os et de chairs meurtris, et traînés dans la fange,
Des lambeaux pleins de sang, et des membres affreux.

L'Hypotypose.

L'*Hypotypose* * est une espèce de description, mais si vraie et si frappante qu'elle met en quelque sorte les objets sous les yeux. Le récit de la mort d'Hippolyte dans la tragédie de *Phèdre* est un des plus beaux exemples d'hypotypose **.

En voici un sublime pris dans *Athalie* (Acte I, sc. 2.), Josabet raconte comment elle sauva Joas du carnage.

Hélas ! l'état horrible où le Ciel me l'offrit
Revient à tout moment effrayer mon esprit.
De princes égorgés la chambre était remplie ;
Un poignard à la main, l'implacable Athalie
Au carnage animait ses barbares soldats,
Et poursuivait le cours de ses assassinats.
Joas, laissé pour mort, frappa soudain ma vue.
Je me figure encor sa nourrice éperdue,
Qui devant les bourreaux s'était jetée en vain,
Et, faible, le tenait renversé sur son sein.
Je l'pris tout sanglant ; en baignant son visage,
Mes pleurs du sentiment lui rendirent l'usage,

---

* Etymologie grecque : de deux mots qui signifient *sous....*
figurer.

** Voir page 163.

Et, soit frayeur encore, ou pour me caresser,
De ses bras innocents je me sentis presser.

L'Optation.

L'*Optation* * exprime un désir véhément d'obtenir pour soi ou pour quelque autre un bien qu'on juge important ou précieux. Exemple :

« Qui me donnera des ailes comme à la colombe
» afin que je prenne mon vol, et que je cherche un
» lieu de repos. » (DAVID, *psaume* 13.)

Nous citerons encore cet exemple que Racine met dans la bouche de Phèdre :

Dieux ! que ne suis-je assise à l'ombre des forêts !
Quand pourrai-je, au travers d'une noble poussière,
Suivre de l'œil un char fuyant dans la carrière ?

(*Phèdre*, I, 3.)

La Suspension. **

Par cette figure l'orateur tient en suspens l'esprit de ses auditeurs, et les laisse longtemps dans l'incertitude de ce qu'il va leur dire pour le leur présenter ensuite d'une manière d'autant plus frappante. Cette figure s'emploie dans le genre grave et sérieux, et quelquefois elle va jusqu'au pathétique.

Bossuet emploie cette figure dans la péroraison de *l'oraison funèbre de Henriette de France, reine de la Grande-Bretagne*, quand il dit : « Combien de fois a-
» t-elle remercié Dieu humblement de deux grandes
» grâces : l'une de l'avoir faite chrétienne; l'autre...
» Messieurs, qu'attendez-vous? peut-être d'avoir réta-

* Du latin *opto*, *je désire.*
** Du latin *suspensio.*

» bli les affaires du roi son fils ? Non : c'est de l'avoir
» faite reine malheureuse. »

Nous citerons encore cet exemple tiré de la troisième
partie de *l'oraison funèbre de Turenne,* par Fléchier :

« Si M. de Turenne n'avait su que combattre et
» vaincre ; s'il ne s'était élevé au-dessus des vertus hu-
» maines ; si sa valeur et sa prudence n'avaient été
» animées d'un esprit de foi et de charité, je le mettrais
» au rang des Scipion et des Fabius, je laisserais à la va-
» nité le soin d'honorer la vanité, et je ne viendrais pas
» dans un lieu saint faire l'éloge d'un homme profane. »

On attend ici l'adversative, mais l'orateur adroit prolonge la suspension pour augmenter l'impatience des
auditeurs et poursuit ainsi :

« S'il avait fini ses jours dans l'aveuglement et dans
» l'erreur, je louerais en vain des vertus que Dieu
» n'aurait pas couronnées ; je repandrais des larmes
» inutiles sur son tombeau ; et si je parlais de sa gloire,
» ce ne serait que pour déplorer son malheur. »

Arrive enfin le *mais* si longtemps attendu :

« *Mais,* grâces à Jésus-Christ, je parle d'un chrétien
» éclairé des lumières de la foi, etc. »

Enfin, nous citerons pour dernier exemple de suspension, ces paroles qu'Auguste adresse à Cinna, dans
la tragédie de ce nom par Corneille, après lui avoir
rappelé tous les bienfaits dont il l'a comblé.

Tu t'en souviens, Cinna, tant d'heur et tant de gloire,
Ne peuvent pas sitôt sortir de ta mémoire.
Mais ce qu'on ne pourrait jamais s'imaginer,
Cinna, tu t'en souviens, et veux m'assassiner.

(Acte V, scène 1.)

La suspension convient aussi au genre simple, au style enjoué et badin. Tout le monde connaît cette lettre si remarquable de madame de Sévigné à M. de Coulanges : « Je m'en vais vous marquer la chose la » plus étonnante, la plus surprenante, la plus merveil- » leuse, la plus miraculeuse, la plus triomphante, etc. »

L'Ironie.

L'*Ironie* *, ou contre-vérité, consiste à dire précisément le contraire de ce qu'on pense et de ce qu'on veut faire entendre. Cette figure peut, selon les occasions, appartenir à la gaîté, au courroux, au mépris ; elle devient même quelquefois l'expression de l'indignation la plus profonde ou du plus violent désespoir. Oreste, dans *Andromaque* (Acte V, sc. 5.), apprenant qu'Hermione n'a pu survivre à Pyrrhus qu'il vient lui-même d'immoler, s'écrie :

Hé bien ! je meurs content, et mon sort est rempli.

Dans la situation d'Oreste, dit La Harpe, ce mot *je meurs content* est le sublime de la rage.

Agrippine dit à Néron qui vient de faire empoisonner Britannicus :

..... Poursuis, Néron : avec de tels ministres,
Par des faits glorieux tu te vas signaler.
(Britannicus, acte V, sc. 6.)

L'Astéisme.

Il est une sorte d'ironie qu'on appelle *Astéisme* **, qui sert à déguiser la louange sous le voile du blâme, et réciproquement. Boileau fait indirectement l'éloge

---

* Étymologie grecque : mot qui signifie *dissimulation*.
** Étymologie grecque : mot signifiant *urbanité*.

de Louis XIV en le faisant accuser par la Mollesse.

.... Le ciel impitoyable
A placé sur le trône un prince infatigable.
Il brave mes douceurs, il est sourd à ma voix ;
Tous les jours il m'éveille au bruit de ses exploits.

(Lutrin, chant II.)

La Réticence.

Par la *Réticence* l'orateur s'interrompant lui-même au milieu de son discours, passe subitement à une autre idée, mais de manière à ce que ceux qui l'écoutent puissent facilement suppléer ce qu'il a omis. Cette figure est très-adroite en ce qu'elle fait entendre non-seulement ce qu'on ne veut pas dire, mais souvent beaucoup plus qu'on ne dirait. Racine emploie la réticence dans ce discours où Agrippine dit à Néron (*Britannicus*, acte IV, sc. 2.) :

J'appelai de l'exil, je tirai de l'armée
Et ce même Sénèque, et ce même Burrhus,
Qui depuis..... Rome alors estimait leurs vertus.

Et dans *Phèdre* (Acte V, sc. 3), lorsqu'Aricie dit à Thésée :

Prenez garde, Seigneur : vos invincibles mains
Ont de monstres sans nombre affranchi les humains ;
Mais tout n'est pas détruit, et vous en laissez vivre
Un,... Votre fils, Seigneur, me défend de poursuivre ;
Instruite du respect qu'il veut vous conserver,
Je l'affligerais trop si j'osais achever.

En général, il ne faut employer la réticence que pour éviter des paroles qui blesseraient les bienséances ou qui présenteraient quelque image rebutante.

La Litote.

La *Litote* *, ou Diminution, dit *moins* pour faire en-

---

* Étymologie grecque : mot qui signifie *simple, petit.*

tendre *plus* : « *Va je ne te hais point,* » dit Chimène à Rodrigue, lui faisant entendre par ces mots plus qu'ils ne paraissent signifier.

De même Iphigénie fait usage de cette figure lorsqu'elle dit à son père :

Peut-être assez d'honneurs environnaient ma vie
Pour *ne pas souhaiter* qu'elle me fût ravie.

(RACINE, *Iphigénie,* IV, 4.)

Ne pas souhaiter, au lieu de dire : pour désirer vivement.

Quand la *Litote* veut réellement dire moins, on doit la nommer *Exténuation.* Par exemple lorsqu'on dit de quelqu'un qu'il est *sévère,* pour faire entendre qu'il est *cruel,* ou qu'il est *rangé, économe,* au lieu de dire qu'il est *avare.*

§ III. 3° FIGURES DE PUR ORNEMENT.

Plaire est pour l'orateur une condition de succès. Il peut donc chercher à rendre la vérité plus aimable en l'ornant de figures gracieuses ou brillantes qui, sans lui rien ôter de sa force, lui préparent au contraire dans l'esprit des auditeurs un accès plus favorable.

Les principales figures classées dans cette catégorie sont : L'*Antithèse,* l'*Hyperbole,* la *Comparaison,* le *Parallèle,* l'*Allusion,* et la *Description* qui comprend la *Prosopographie,* l'*Éthopée,* la *Topographie.*

L'Antithèse.

L'*Antithèse* consiste à faire contraster les idées et les mots pour les faire ressortir par l'opposition. Cette figure, quand elle naît du sujet et qu'elle est placée à

propos, s'élève par fois jusqu'au sublime, comme dans
cet exemple :

« On nous *maudit* et nous *bénissons* ; on nous *per-*
» *sécute* et nous le *souffrons* ; on nous *dit des injures*,
» nous *répondons par des prières.* »

(SAINT PAUL.)

Voici un autre exemple : Esther au milieu des pom-
pes de la cour d'Assuérus, se rappelle son Dieu, sa patrie et ses frères infortunés :

Hélas ! durant ces jours de joie et de festins,
Quelle était en secret ma honte et mes chagrins !
Esther, disais-je, Esther dans la pourpre est assise,
La moitié de la terre à son sceptre est soumise,
Et de Jérusalem l'herbe cache les murs !
Sion, repaire affreux de reptiles impurs,
Voit de son temple saint les pierres dispersées,
Et du Dieu d'Israël les fêtes sont cessées !

(RACINE, *Esther*, I, 1.)

Nous citerons encore cet exemple, pris dans la tragédie *d'Héraclius* de Corneille (Acte IV, sc. 4.), où le
tyran Phocas s'écrie :

O malheureux Phocas ! O trop heureux Maurice !
Tu recouvres deux fils pour mourir après toi,
Et je n'en puis trouver pour régner après moi !

Ici l'antithèse est la chose même, et elle devient
non-seulement brillante, mais pathétique.

On ne doit user de l'antithèse qu'avec sobriété ; si
elle est trop souvent répétée, elle rend le discours pré-
tentieux et fatigant.

L'Hyperbole.

Sénèque a dit, et La Bruyère après lui : « *L'Hy-*
*perbole** *exprime au-delà de la vérité pour rame-*

---

* Étymologie grecque : *au-delà... jeter.*

ner l'esprit à la mieux connaître. » Observation qui
s'applique à la vérité des sentiments aussi bien qu'à
celle des pensées. Il y a plusieurs hyperboles dans
l'Écriture sainte. Le pays de Chanaam y est dépeint
comme une terre où *coulent des ruisseaux de lait et
de miel,* pour signifier une terre fertile. C'est par hyperbole qu'on dit : *baigné* de pleurs, *noyé* dans ses
larmes, *ivre* de joie, etc. Mais il ne faut toutefois montrer à l'imagination que ce qu'elle peut aisément se
figurer, car outrer l'hyperbole c'est exagérer l'exagération, comme faisait ce poète qui *soupirait* de voir
Louis XIV à l'étroit dans le Louvre, et disait :

> Une si grande majesté
> A trop peu de toute la terre.
>
> *(De Cailly.)*

La Fontaine use agréablement de l'hyperbole pour
se railler du penchant qu'ont tous les voyageurs à employer cette figure dans leurs récits :

> Même dispute advint entre deux voyageurs.
> L'un d'eux était de ces conteurs
> Qui n'ont jamais rien vu qu'avec un microscope ;...
> J'ai vu, dit-il, un chou *plus grand qu'une maison.*
> Et moi, dit l'autre, un pot *aussi grand qu'une église.*
> Le premier se moquant, l'autre lui dit : Tout doux ;
> On le fit pour cuire vos choux.
>
> *(Le Dépositaire infidèle,* IX, 1.)

La Comparaison.

La *Comparaison,* au lieu d'opposer comme l'antithèse les idées aux idées, fait voir au contraire les
points de ressemblance qu'il peut y avoir entre les
objets. L'effet de cette figure est de donner plus de

grâce ou plus de force au discours, plus de clarté au raisonnement. La poésie aime à se parer de comparaisons riches, grandes, expressives. On en voit un exemple dans ces beaux vers de *la Henriade*, chant VIII :

Tel qu'échappé du sein d'un riant pâturage,
Au bruit de la trompette animant son courage,
Dans les champs de la Thrace un coursier orgueilleux,
Indocile, inquiet, plein d'un feu belliqueux,
Levant les crins mouvants de sa tête superbe,
Impatient du frein, vole et bondit sur l'herbe ;
Tel paraissait d'Egmont, etc.

Les orateurs, sans se permettre d'employer trop souvent la comparaison ne se l'interdisent pas. Thomas en présente une belle dans son *éloge de Sully :*

« L'idée seule de Sully, dit-il, était pour Henri IV ce
» que la pensée de l'Être suprême est pour l'homme
» juste : un frein pour le mal, un encouragement pour
» le bien. »

Les comparaisons doivent être vraies, nobles, employées à propos et avec discrétion. Prodiguées, elles blessent et importunent.

Le Parallèle.

Quand la comparaison rapproche deux personnages elle se nomme *Parallèle.* Nous citerons pour exemple le parallèle de Richelieu et de Mazarin par Voltaire :

Richelieu, Mazarin, ministres immortels,
Jusqu'au trône élevés de l'ombre des autels,
Enfants de la Fortune et de la Politique,
Marcheront à grands pas au pouvoir despotique.
Richelieu, grand, sublime, implacable ennemi ;
Mazarin, souple, adroit et dangereux ami ;

L'un fuyant avec art, et cédant à l'orage,
L'autre aux flots irrités opposant son courage :
Des princes de mon sang ennemis déclarés ;
Tous deux haïs du peuple et tous deux admirés ;
Enfin, par leurs efforts, ou par leur industrie,
Utiles à leurs rois, cruels à la patrie.

(*La Henriade*, ch. VII.)

L'Allusion.

On appelle *Allusion* une comparaison tacite par suite de laquelle on dit une chose pour en rappeler une autre.

Tout couvert de lauriers, craignez encor la foudre.

Ce vers fait allusion à l'antique préjugé qui attribuait au laurier la propriété de détourner la foudre.

L'allusion consiste aussi à rappeler un mot, un fait connu. On a dit: « Il n'y a pas loin du *Capitole* à la *Roche Tarpéienne*, » pour montrer, en rappelant le triomphe et la mort de Manlius, le peu de fonds qu'il faut faire sur la faveur populaire. Autres exemples :

On dirait que pour plaire, instruit par la nature,
Homère ait à Vénus dérobé sa ceinture.
Son livre est d'agréments un fertile trésor:
Tout ce qu'il a touché se convertit en or.

(BOILEAU, *Art poétique*, ch. III, v. 295.)

Ici le poète fait allusion à ce roi de Phrygie, qui avait obtenu de Bacchus le pouvoir de convertir en or tout ce qu'il touchait.

Quelquefois l'allusion est mêlée d'une légère ironie. Madame de Sévigné dit plaisamment, à propos d'une réconciliation qu'elle a ménagée, qu'elle *vient de fermer le temple de Janus*.

La Description.

Cette figure offre une peinture animée des objets. On distingue par des noms divers les descriptions de différents genres : ainsi on appelle *Prosopographie* celle qui représente les traits d'une personne, son air, son maintien ; *Éthopée*, celle qui peint les mœurs, les vertus ou les vices, les qualités ou les défauts ; *Caractère* ou *Portrait*, celle qui montre en action le personnage tout entier.

M. de Frayssinous donne un bel exemple d'éthopée dans le portrait qu'il fait de Saint-Louis *.

« Nommer Saint-Louis, dit-il, c'est rappeler tout ce
» qu'il peut y avoir de plus auguste, je veux dire le
» génie et la vertu assis ensemble, pour le bien de
» l'humanité, sur un des plus beaux trônes de l'uni-
» vers. Simple dans ses goûts et magnifique par di-
» gnité ; humble au pied des autels et terrible dans les
» combats ; doux et facile dans le commerce de la vie,
» mais inébranlable dans ses desseins, Saint-Louis
» allia dans sa personne les qualités en apparence les
» plus contraires ; alliance qui, suivant l'expression
» d'un historien, en a fait un des plus grands hommes
» et des plus singuliers qui aient jamais été. Prodige de
» lumière et de sagesse pour le siècle où il parut, il de-
» vint l'arbitre des princes de son temps, comme il
» était leur modèle ; législateur plein de prévoyance,
» il jeta par ses lois les fondements de la véritable li-
» berté des peuples, comme de la véritable grandeur

---

* *Discours sur la nécessité de la Religion pour le bonheur public.*

» des héritiers de son trône ; jaloux des droits de la
» royauté, pour le bien même de ses sujets, il les dé-
» fendit toujours par devoir, et jamais il n'en céda rien
» par faiblesse ; personnage héroïque, il connut ce que
» le malheur a de plus extrême ; mais il n'en fut point
» abattu ; magnanime dans les fers, sublime dans les
» bras de la mort, il sut être roi et chrétien à tous
» les instants de sa vie ; et s'il avait reçu de la nature
» toutes ces hautes qualités que l'on admire dans les
» héros les plus fameux de l'antiquité, il dut à sa
» piété d'avoir été préservé de leurs vices. *Pietas ad*
» *omnia utilis est* (*La piété est bonne pour tout.*) »

Le célèbre auteur des *Caractères*, La Bruyère, dépeint ainsi l'homme qui a la prétention d'être universel :

« Arrias a tout lu, a tout vu, il veut le persuader
» ainsi ; c'est un homme universel, et il se donne pour
» tel ; il aime mieux mentir que de se taire ou de pa-
» raître ignorer quelque chose : on parle à la table
» d'un grand d'une cour du Nord, il prend la parole,
» et l'ôte à ceux qui allaient dire ce qu'ils en savent ; il
» s'oriente dans cette région lointaine comme s'il en
» était originaire ; il discourt des mœurs de cette cour,
» des femmes du pays, de ses lois et de ses coutumes ;
» il récite des historiettes qui y sont arrivées, il les
» trouve plaisantes, et il en rit le premier jusqu'à écla-
» ter. Quelqu'un se hasarde de le contredire, et lui
» prouve nettement qu'il dit des choses qui ne sont
» pas vraies ; Arrias ne se trouble point, prend feu au
» contraire contre l'interrupteur. Je n'avance, lui

» dit-il, je ne raconte rien que je ne sache d'original;
» je l'ai appris de *Sethon*, ambassadeur de France
» dans cette cour, revenu à Paris depuis quelques
» jours, que je connais familièrement, que j'ai fort
» interrogé, et qui ne m'a caché aucune circonstance.
» Il reprenait le fil de sa narration avec plus de con-
» fiance qu'il ne l'avait commencée, lorsqu'un des
» conviés lui dit : C'est Sethon à qui vous parlez, lui-
» même, et qui arrive de son ambassade. » (*De la Société et de la conversation.*)

La *Topographie* est encore un genre de description; elle fait voir le lieu de la scène, un temple, un palais, un paysage. On peut lire pour
exemple la description de la grotte de Calypso qui
commence le *Télémaque*. M. de Châteaubriand offre
aussi un bel exemple de topographie lorsqu'il dépeint en
ces mots le site et la ville de Jérusalem :

« Entre la vallée du Jourdain, et les plaines de l'Idu-
» mée, s'étend une chaîne de montagnes, qui commence
» aux champs fertiles de la Galilée, et va se perdre dans
» les sables de l'Yémen. Au centre de ces montagnes se
» trouve un bassin aride, fermé de toutes parts par des
» sommets jaunes et rocailleux; ces sommets ne s'en-
» tr'ouvrent qu'au Levant, pour laisser voir le gouffre
» de la mer Morte et les montagnes lointaines de l'Ara-
» bie. Au milieu de ce paysage de pierres, sur un
» terrain inégal et penchant, dans l'enceinte d'un mur
» jadis ébranlé sous les coups du bélier, et fortifié par
» des tours qui tombent, on aperçoit de vastes débris;
» des cyprès épars, des buissons d'aloès et de nopals,

» quelques masures arabes pareilles à des sépulcres
» blanchis, recouvrent cet amas de ruines : c'est la
» triste Jérusalem. » (*Les Martyrs*, liv. XVII.)

Questionnaire.

Qu'est-ce que les Figures de pensées? — Combien de classes
forment-elles? — Quelles sont les Figures qui servent à prouver? Qu'est-ce que la Prétermission? — En quoi consiste la
Correction? — Parlez de la Dubitation? — Parlez de la
Concession? — Qu'est-ce que la Communication? — Qu'est-
ce que la Gradation? — Quelles sont les Figures propres à exprimer les sentiments vifs, les passions? — Qu'est-ce que
l'Apostrophe? — Qu'est-ce que l'Exclamation? — Quand
l'Exclamation prend-elle le nom d'Epiphonème? — Qu'est-ce
que l'Interrogation? — Qu'est-ce que l'Imprécation? —
Parlez de la Prosopopée? — Qu'est-ce que l'Hypotypose?
— Parlez de l'Optation? — Quel est l'usage de la Suspension? — Qu'est-ce que la Réticence? — Parlez de la Litote?
— Quelles sont les Figures de pur ornement? — En quoi
consiste l'Antithèse? — Parlez de l'Hyperbole? — Qu'est-ce
que la Comparaison? — Le Parallèle? — Qu'est-ce que
l'Allusion? — Quels noms divers prend la Description? —
Qu'est-ce que la Prosopographie? — L'Éthopée? — Le Caractère ou Portrait? — La Topographie?

CHAPITRE VI.

DE L'ACTION.

Écrivant pour les jeune personnes, nous nous bornerons seulement ici à dire quelques mots de l'*Action
oratoire*. Les anciens y attachaient une grande importance; on demandait un jour à Démosthènes, quelle
est la première partie de l'éloquence? — *C'est l'action,*

répondit-il. — La seconde? — L'*action*. — Et la troisième? — L'*action*, toujours l'*action*.

Buffon fait, contre son intention, l'éloge de ce moyen oratoire lorsqu'il dit : « Que faut-il pour émouvoir la » multitude et l'entraîner? que faut-il pour ébranler la » plupart même des autres hommes et les persuader? » Un ton véhément et pathétique, des gestes expres- » sifs et fréquents, des paroles rapides et sonnantes. »

La Bruyère avait dit la même chose en d'autres termes : « Le peuple appelle éloquence la facilité que » quelques-uns ont de parler seuls et longtemps, » jointe à l'emportement du geste, à l'éclat de la voix, » et à la force des poumons. » Cet éloge fait par un orateur, et les dédains exprimés par ces hommes qui, écrivant merveilleusement, ne savent qu'écrire, attes- tent également l'importance de l'action oratoire.

L'action se compose de la *voix*, du *geste* et de la *physionomie*, auxquels il faut joindre la *mémoire*.

La *voix*, dit Cicéron, a autant d'inflexions qu'il y a de sentiments, et c'est elle surtout qui les communique. L'orateur qui aspire à la perfection, prendra donc tous les tons convenables aux sentiments, aux passions, qu'il veut exciter dans les cœurs. Il fera entendre une voix forte, s'il doit être véhément ; douce, s'il est calme ; soutenue, s'il traite un sujet grave ; touchante, s'il veut attendrir.

Mais ce n'est pas seulement le son de la voix qui constitue la perfection du débit oratoire, c'est surtout la bonne *prononciation*. La parole étant l'agent de la pensée, on ne saurait trop s'appliquer à la rendre plus insinuante, plus propre à persuader, plus capable de peindre ce que l'ont sent.

Outre l'attention qu'il faut donner à la prononciation de chaque syllabe *longue* ou *brève*.*, il n'est pas moins essentiel de *diviser* ses phrases pour les rendre intelligibles et harmonieuses. Les repos bien placés donnent à la lecture, au discours, à la récitation, cette variété d'inflexions qui en fait le charme. Ainsi les vers suivants d'*Athalie* (Acte I, sc. 1.) :

Celui qui met un frein à la fureur des flots,
Sait aussi des méchants arrêter les complots.

se doivent diviser en six parties bien distinctes, sans quoi il y aura confusion, et la pensée qu'ils expriment n'aura pas toute sa force. En effet, si le pronom *celui*, qui remplace ici le mot Dieu, n'est pas bien détaché, l'attention ne se fixera pas sur le sujet principal de l'action ; si les mots *à la fureur des flots*, ne sont pas mis en relief, ils affaiblissent l'idée de la puissance de Dieu ; et si l'adjectif *méchants*, n'est pas fortement prononcé, il ne désignera pas le but que se propose le sujet.

Ces deux vers comprenant donc trois parties principales, et trois parties secondaires, il est nécessaire pour qu'elles ne se confondent pas, de les détacher par de légers repos, en articulant les unes faiblement, et les autres fortement, chacune selon son degré d'im-

---

*C'est ce qu'on appelle observer la *Prosodie*, c'est-à-dire la prononciation mesurée des syllabes selon l'accent, l'aspiration, et surtout selon la quantité. Personne ne devrait négliger l'étude de la Prosodie française, elle est indispensable pour bien lire.

portance. Mais ce n'est pas tout de faire des repos, entre les diverses parties, il faut encore, et c'est là une condition bien essentielle d'une diction parfaite, il faut, dis-je, que ces repos soient en quelque sorte remplis par des sons suspendus, qui servent comme d'introducteurs à ceux qui suivent : de même que l'œil distingue dans un tableau la nuance qui s'efface en donnant naissance à celle qui la suit, de même l'oreille doit sentir que le sens n'est point terminé, et attendre ainsi le développement que la suspension des sons fait pressentir.

Le *Geste* doit être en harmonie avec le ton ; un orateur qui gesticule à tout propos affaiblit l'effet de son discours. La physionomie, qui est le miroir de l'âme, a aussi son langage, et n'est pas une des moindres puissances de l'éloquence.

La *Mémoire* dans ses rapports avec l'art oratoire, ne se borne pas seulement à retenir le texte d'un discours composé à l'avance, de manière à pouvoir le reproduire par la parole, ce qui ne serait qu'une sorte de récitation ; elle consiste surtout dans cette faculté précieuse qui permet à l'orateur de conserver l'ordre de ses pensées, de voir sans cesse devant lui, en présence même de l'idée qu'il formule actuellement, l'idée qui doit suivre, et que la parole exprimera à son tour. L'exercice de cette faculté constitue l'*Improvisation*.

Le mot *Improvisation* doit en effet s'appliquer, non pas au fond, à la substance du discours, mais seulement à la facilité de s'exprimer en termes *non préparés*, soit sur un sujet *suffisamment conçu et médité*, soit sur des faits dont on a une connaissance *claire* et *complète*. Dans ces conditions on doit être en état de rendre ses idées; car :

Ce que l'on conçoit bien s'énonce clairement,
Et les mots pour le dire arrivent aisément.

(BOILEAU, *Art poétique*, ch. I.)

Mais on peut être pris au dépourvu par une objection inattendue et présentée brusquement, par une question soudaine, à laquelle il faut répondre sans avoir un moment pour se reconnaître. C'est dans ces occasions qu'on est heureux d'avoir de la *présence d'esprit*, et de savoir se *posséder*. Appelant alors promptement ses idées à son secours, on s'exprime sans trouble, et restant maître de *soi*, on ne perd aucun de ses avantages. L'improvisation est la première condition de succès pour le discours public : le travail qu'elle demande, l'impulsion qu'elle donne, l'émotion qu'elle cause ajoutent à la pensée quelque chose de spontané et de saisissant, qui manquera toujours à la reproduction, même animée et intelligente, d'un travail antérieurement achevé.

Lorsqu'on entend un discours récité, on voit le papier sous les paroles; ce papier absent, semble se placer entre l'orateur et l'assemblée. C'est une barrière, un obstacle à ce contact immédiat par lequel la véritable éloquence pénètre dans les intelligences et remue les esprits et les cœurs.

Questionnaire.

Qu'est-ce que l'Action?—Donnez quelques notions sur l'Action oratoire? — De quoi se compose-t-elle? — Que doit-on remarquer par rapport à la Prononciation? — Quelle observation y a-t-il à faire sur le Geste? — Qu'entend-on en Rhétorique par la Mémoire? — Qu'est-ce que l'Improvisation? — Quels avantages offre-t-elle?

FIN DE LA PREMIÈRE PARTIE DE LA RHÉTORIQUE.

Deuxième Partie.

CHAPITRE Iᵉʳ.

APPLICATION DES PRÉCEPTES DE LA RHÉTORIQUE.

Ce n'est pas assez pour les jeunes personnes de connaître les préceptes de la Rhétorique, il faut que par des compositions graduées, elles s'exercent à les mettre en pratique afin de pouvoir ensuite les appliquer à tout ce qu'elles seront dans le cas d'écrire, à de simples lettres, et même à la conversation. Mais pour atteindre ce but il leur faut un fonds sur lequel elles puissent bâtir, il faut qu'elles aient fait, par leurs études et leurs lectures, une provision des termes, des expressions de la langue dans laquelle elles entreprennent d'écrire ; de sorte que lorsqu'il s'agit de rendre une pensée, de narrer un fait, de donner une description, elles trouvent dans leur mémoire comme dans un riche trésor toutes les ressources nécessaires.

Non-seulement la lecture fournira aux jeunes personnes un puissant moyen de former leur style, mais elle étendra, elle développera, elle perfectionnera leurs connaissances, et concourra à former leur jugement.

Les jeunes personnes ne doivent toutefois se livrer à la lecture qu'avec circonspection, et en s'en rapportant exclusivement, pour le choix des ouvrages, aux lumières et à la prudence d'un guide expérimenté tel qu'une mère, une sage institutrice. Il en est des livres comme des amis, leur mérite bien plus que leur nombre est à considérer. L'essentiel est de s'attacher à quelques auteurs d'élite qu'on se rend familiers, et avec lesquels on s'identifie en quelque sorte. Il est bon aussi de lire plusieurs ouvrages sur le même sujet, par exemple sur l'histoire; c'est un moyen d'enrichir son répertoire par la variété des termes et des expressions, et, ce qui vaut mieux encore, d'arriver à cette connaissance complète d'un sujet qui permet de le traiter ensuite soi-même avec une grande facilité.

Causer de ses études dans l'intimité, communiquer, soumettre ses idées et ses réflexions à des parents, à des amis sérieux, prêter à l'occasion une attention silencieuse à la conversation des gens instruits, ce sont encore pour une jeune personne autant de moyens d'accroître et de perfectionner ses connaissances, d'étendre son vocabulaire, et d'acquérir une plus grande facilité d'élocution. Mais un genre d'exercice qui doit réunir pour elle l'utilité de la lecture et le charme de la conversation, c'est de lire avec quelqu'un qui puisse la guider, qui l'aide à se former une opinion juste sur l'ouvrage dont il s'agit, qui lui en fasse sentir les beautés et les défauts, enfin qui la mette à même de retirer tout le fruit possible de sa lecture. « J'aime la » lecture en général, dit La Rochefoucauld; celle où » se trouve quelque chose qui peut façonner l'esprit et » fortifier l'âme est celle que j'aime le plus. Surtout

» j'ai une extrême satisfaction à lire avec une per-
» sonne d'esprit; car de cette sorte, on réfléchit à tout
» moment sur ce qu'on lit; et des réflexions que l'on
» fait, il se forme une conversation la plus agréable du
» monde et la plus utile *. »

Après la lecture et la conversation, tous les objets
qui nous environnent, toutes les beautés de la nature
sont autant de sources où nous pouvons puiser des
idées qui animeront notre langage. En général, il est
bon de s'habituer de bonne heure à peindre ce qu'on
a vu plutôt que ce qu'on a lu. Veut-on par exemple
décrire un orage, une belle nuit, une brillante aurore? — Au lieu de feuilleter ses livres pour y trouver
une description analogue à son sujet, et la reproduire,
le plus souvent tronquée et décolorée, on interrogera
sa mémoire, on se rappellera les sentiments, les im-
pressions qu'on a éprouvés, et le langage prendra
quelque chose de naturel et de vivant qui manque
toujours à une description empruntée; il en est d'une
composition littéraire comme d'un portrait, la copie,
si parfaite qu'elle soit, n'a jamais le mérite de l'œuvre
originale.

Des différents genres d'exercices littéraires.

Quand l'esprit des jeunes personnes sera bien pénétré des préceptes de la Rhétorique, et qu'en même
temps il se sera suffisamment enrichi par l'étude, par
l'observation des objets extérieurs et par la réflexion,
elles devront s'exercer à développer leurs pensées, car

---

* *Portrait du duc de La Rochefoucauld*, fait par lui-même,
et imprimé en 1653.

il en est de l'art de bien dire comme de tous les autres, on ne peut l'acquérir que par la pratique.

Mais quels seront de préférence les sujets de leurs compositions? En les exerçant dans l'art d'écrire, on se propose sans doute de les accoutumer à saisir promptement dans leur ensemble et leurs principaux détails les faits historiques, de manière à pouvoir les retracer ensuite avec clarté et précision, et l'on a aussi pour but de leur faire bien comprendre certains principes, certaines vérités essentielles pour les mettre dans le cas d'en déduire les conséquences.

Deux sortes d'exercices semblent devoir particulièrement être employées pour parvenir à ce double résultat : la *Narration* et la *Dissertation*. Nous allons successivement en exposer les règles et en donner des exemples.

§ I. DE LA NARRATION.

La *Narration* est l'exposé d'un fait *réel* ou supposé *vrai*.

On distingue quatre espèces de narrations : 1° La narration *oratoire* *, 2° la narration *historique*, 3° la narration *fabuleuse* ou *poétique*, 4° la narration *plaisante et badine*; et l'on y emploie selon le sujet, le style simple, le style élevé, ou le style tempéré.

Une bonne narration, de quelque genre qu'elle soit, doit être *claire, vraisemblable, complète, intéressante.*

---

* Nous en avons donné ailleurs les règles et des exemples. Voir page 84 et suivantes.

1° Elle doit être *claire*. C'est la loi suprême de tous les discours et de tous les écrits. « La narration » sera claire, dit Cicéron, si l'on emploie un style cor- » rect et précis, si l'on présente les faits dans l'ordre » naturel et chronologique ; enfin si l'on s'abstient des » digressions et des épisodes inutiles. »

2° Elle doit être *vraisemblable*. Elle le sera si l'on n'omet aucune circonstance essentielle, et si l'on n'en ajoute aucune qui ne soit vraie ou du moins probable. Il y a une certaine vraisemblance dont il ne faut pas s'é- carter, même dans les fictions ; ainsi dans un sujet tiré de la fable, le merveilleux une fois admis, il faut conserver jusqu'à la fin aux personnages le caractère qu'on leur a donné d'abord. Dans Homère, il serait invraisemblable que Vénus s'irritât contre Pâris, ou que Minerve s'en- tendît avec Hélène. Boileau insiste sur ce point, quand il dit :

Conservez à chacun son propre caractère.
Des siècles, des pays, étudiez les mœurs :
Les climats font souvent les diverses humeurs.
Gardez donc de donner, ainsi que dans Clélie,
L'air ni l'esprit français à l'antique Italie ;
Et, sous des noms romains faisant notre portrait,
Peindre Caton galant et Brutus dameret.
Dans un roman frivole aisément tout s'excuse ;
C'est assez qu'en courant la fiction amuse ;
Trop de rigueur alors serait hors de saison ;
Mais la scène demande une exacte raison :
L'étroite bienséance y veut être gardée.
D'un nouveau personnage inventez-vous l'idée ;
Qu'en tout avec soi-même il se montre d'accord,
Et qu'il soit jusqu'au bout tel qu'on l'a vu d'abord.
              (*Art poétique*, ch. III, v. 112.)

3° La narration doit être *complète* sans rien conte-

9

nir de superflu, mais aussi sans rien omettre de ce qui a un rapport réel et direct avec le sujet, tels que les motifs, les circonstances de l'action, les incidents, le caractère des personnages, etc. Cependant en satisfaisant la curiosité sur ces différents points, il faut prendre garde de tomber dans la diffusion, et faire en sorte d'être complet sans être minutieux.

4° Enfin la narration doit être *intéressante.* Il est un art de graduer les diverses parties d'un récit, de suspendre et d'accroître l'intérêt, de piquer l'attention par des incidents imprévus, d'ajouter aux faits des réflexions et des sentiments qui les fassent valoir, enfin d'en former comme une sorte de drame sérieux ou plaisant propre à émouvoir ou à plaire.

Après ces observations sur la narration en général, nous allons examiner chaque genre de narration en particulier. Nous en offrirons des modèles, et nous les ferons précéder ou suivre d'arguments qui présenteront en peu de mots l'analyse des faits développés.

1° Narration historique.

Les jeunes personnes doivent s'exercer dans la *Narration historique.* Les sujets historiques sont bien préférables aux sujets imaginaires. Les faits de l'histoire sont comme des actions qui se passent sous nos yeux. La jeunesse surtout les saisit avec avidité, elle les voit, elle en est émue; et quand les semences d'une éducation vertueuse ont germé dans son âme, quand la flamme d'une religion sainte l'échauffe et l'éclaire, quand elle s'est enrichie de tous les trésors de l'instruction, il est impossible que son imagination, formée aux sentiments généreux et purs, agrandie par cette scène qui s'étend si loin devant elle, et dont les tableaux se renouvellent sans cesse, ne produise pas quelquefois de ces nobles pensées que la maturité du talent ne désavouerait point.

Nous choisissons pour modèle de narration historique, dans le genre élevé, la mort de Gustave-Adolphe si admirablement décrite par Schiller.

Mort de Gustave-Adolphe à la bataille de Lutzen.

(Argument).

L'Europe compte voir son attente satisfaite dans la journée de Lutzen. — Le succès de cette journée doit lui montrer lequel de Gustave-Adolphe ou de Waldstein est le premier de ses guerriers. — Chacun des deux connaît et apprécie le mérite de son adversaire. — Manière dont s'annonce le jour où doit se livrer la bataille de Lutzen. — Pieux devoirs accomplis par Gustave-Adolphe et son armée. — Les Suédois commencent l'attaque. — Détails sur la bataille. — Gustave-Adolphe met en déroute l'aile gauche de l'ennemi, mais il apprend que l'aile gauche suédoise commence à plier; alors laissant au général Horn le soin de poursuivre le corps de troupes qu'il a vaincu, il s'élance où le danger l'appelle. — Sa mort. — Effet que produit cette nouvelle. — Le génie de Gustave-Adolphe lui survit dans ses généraux et décide la victoire.

(Récit).

« Ces dispositions prises de part et d'autre, on attendit le jour pour commencer une lutte qui devait

tout l'intérêt, comme tout l'effroi qu'elle inspirait,
plutôt aux longs retards qu'elle avait éprouvés qu'à
l'importance probable des suites qu'elle pouvait avoir.
L'attente de l'Europe, trompée devant le camp de Nu-
remberg, allait être satisfaite dans les plaines de Lutzen : jamais, dans le cours de cette longue guerre,
deux généraux de ce mérite, égaux en considération,
rivaux de gloire, et doués tous deux des plus rares talents militaires, n'avaient mesuré leurs forces en bataille rangée. Jamais un pareil défi n'avait paru devoir
en imposer à l'audace même ; jamais l'espérance n'avait
été enflammée par un prix aussi élevé. Cette journée
devait montrer à l'Europe le premier de ses guerriers,
et proclamer le vainqueur de celui qui jusque-là n'en
avait connu aucun ; elle devait décider si c'était le
génie de Gustave-Adolphe qui avait vaincu au combat
du Lech et à la bataille de Leipzig, ou si l'impéritie
de son adversaire avait été la seule cause de ce succès.

» C'était dans cette journée que le mérite du duc
de Friedland devait justifier le choix de l'empereur, et
que la grandeur de l'homme devait balancer l'énormité
du prix qu'il avait coûté. Chaque soldat, fier de la
gloire de son chef, semblait la partager tout entière ;
sous chaque armure on retrouvait les sentiments qui
enflammaient l'âme du général. L'issue était encore
douteuse : mais les efforts, le sang qu'elle allait coûter
au vainqueur comme au vaincu, ne l'étaient pas. Chacun connaissait bien l'ennemi avec lequel il avait affaire, et l'inquiétude que l'on ressentait de part et
d'autre, et que l'on cherchait vainement à dissimuler,

était le plus glorieux témoignage qu'ils pussent recueillir l'un et l'autre de leurs talents militaires.

» Enfin paraît ce jour tant redouté ; mais un brouillard impénétrable, qui couvre toute la plaine, diffère encore l'attaque jusqu'au moment où les armées pourront se découvrir. Le roi se jette à genoux devant le front de bataille ; toute l'armée suit aussitôt son exemple, et entonne un cantique touchant que la musique militaire accompagne. Alors Gustave-Adolphe monte à cheval, et vêtu d'un simple habit de drap, avec un justaucorps en buffle (des douleurs qu'il ressentait d'une ancienne blessure ne lui permettaient pas de porter une cuirasse), il parcourt les rangs pour inspirer à ses troupes une confiance que son cœur, plein de funestes pressentiments, était loin de partager. *Dieu avec nous* était le mot de ralliement des Suédois ; *Jésus, Marie*, celui des Impériaux. Vers les onze heures, le nuage commence à se dissiper, et l'on aperçoit l'ennemi. On voit en même temps les flammes de Lutzen, que le duc de Friedland avait fait incendier pour n'être pas tourné sur ce point. Alors retentit le signal de l'attaque : la cavalerie suédoise s'élance contre l'ennemi, et l'infanterie marche vers les fossés que l'ennemi avait fait creuser aux deux côtés de la grande route qui séparait les deux armées, et derrière lesquels il avait élevé une batterie de sept pièces de canon d'un gros calibre.

» Accueillis par un feu terrible de mousqueterie et par la grosse artillerie placée sur le revers, les intrépides bataillons suédois poursuivent leur attaque avec la même vigueur. Les mousquetaires ennemis aban-

donnent leur position, les fossés sont franchis, on
s'empare de la batterie même, que l'on dirige sur-le-
champ contre les Impériaux. Les Suédois pénètrent
avec une impétuosité irrésistible : la première des cinq
brigades de Friedland est enfoncée; bientôt après, la
seconde, et déjà la troisième commençait à plier ; mais
la présence d'esprit du duc arrête bientôt les progrès
de l'ennemi : avec la vivacité de l'éclair, il répare partout le désordre de son infanterie ; d'un mot il arrête
les fuyards. Soutenues de trois régiments de cavalerie,
ses brigades déjà battues font de nouveau face aux
Suédois, et pénètrent avec fureur dans leurs rangs.
Alors s'engage le combat le plus terrible : la proximité
des combattants ne permet plus l'usage de l'arme à feu ;
la fureur de l'attaque enlève le temps nécessaire à la
charge ; on combat homme à homme : à l'arme à feu
devenue inutile, succèdent la pique et l'épée ; l'art fait
place à la rage. Enfin les Suédois, fatigués, subjugués
par le nombre, se replient jusqu'au-delà des fossés, et
la batterie qu'ils venaient d'emporter est abandonnée
dans leur retraite ; mille corps mutilés couvrent déjà
la plaine, et l'on n'a pas gagné un pouce de terrain !

» Cependant l'aile droite des Suédois, conduite par
le roi en personne, a attaqué l'aile gauche de l'ennemi.
Le premier choc des cuirassiers finlandais a déjà dis-
persé tous les corps légers polonais et croates qui cou-
vraient cette aile, et le désordre de leur fuite porte en
un instant la terreur et la confusion dans le reste de
la cavalerie. Dans ce moment, le roi apprend que son
infanterie se retire au-delà des fossés, et que son aile

gauche, fortement maltraitée par l'artillerie, commence
à plier. Avec la plus grande présence d'esprit, il charge
le général Horn de poursuivre l'aile gauche de l'ennemi qu'il vient de battre, tandis qu'il part lui-même
à la tête du régiment de Stenbock, pour aller arrêter
le désordre de la sienne.

« Son fier coursier le porte comme un trait au-delà
des fossés; mais le passage est plus difficile pour les
escadrons qui le suivent, et un petit nombre de guerriers, parmi lesquels on compte le duc François-Albert
de Saxe-Lauenbourg, sont assez heureux pour se placer encore à ses côtés. Il pousse directement vers
l'endroit où son infanterie paraît assaillie avec le plus
de fureur, et, tandis qu'il jette ses regards autour de
lui, pour tâcher de découvrir dans l'armée ennemie
un jour vers lequel il puisse diriger son attaque, sa
vue courte le conduit trop près d'elle. Un caporal im-
périal s'aperçoit que tout s'éloigne avec respect, pour
laisser passer celui qui s'avance le premier, il ordonne
aussitôt à un mousquetaire de tirer dessus : « Tire sur
» celui-là, crie-t-il, ce doit être un homme considé-
» rable. » Le soldat obéit, le coup part et va fracasser
le bras gauche du roi. Au même instant accourent
autour de lui ses vaillants escadrons, et un bruit con-
fus, au milieu duquel ils n'entendent que ces paroles :
Le roi est blessé! le roi a reçu un coup de feu! vient
les glacer d'épouvante et d'horreur. « Ce n'est rien;
» suivez-moi, » s'écrie Gustave en recueillant toutes
ses forces. Mais bientôt, vaincu par la douleur, près
de s'évanouir, il prie, en langue française, le duc de

Lauenbourg de le tirer sans éclat de la foule. Tandis que celui-ci se dirige vers l'aile droite avec le roi, et lui fait faire un long détour pour dérober à l'infanterie découragée ce spectacle accablant, Gustave reçoit dans le dos un second coup qui lui enlève le reste de ses forces. « J'en ai assez, mon frère, dit-il d'une voix » mourante ; toi, cherche seulement à sauver ta vie. » En même temps, il tombe de cheval, et, atteint de nouveau par plusieurs coups de feu, abandonné de toute sa suite, il rend le dernier soupir entre les mains des Croates. Bientôt son coursier, tout couvert de sang, erre seul dans la plaine, et apprend à la cavalerie suédoise la perte irréparable qu'elle vient de faire. Furieuse alors, elle s'élance vers l'endroit où il est tombé ; elle veut arracher les précieux restes de son roi aux mains barbares qui le dépouillent : un combat meurtrier s'engage autour de son cadavre, et ce corps défiguré reste enseveli sous un monceau de morts.

» En un instant cette nouvelle terrible a parcouru toute l'armée suédoise ; mais au lieu d'abattre le courage de ces braves légions, elle le renouvelle, elle l'échauffe, et le porte jusqu'à la rage. La vie n'a plus de prix, depuis que la plus sacrée de toutes n'est plus ; la mort n'a rien d'effrayant pour le soldat, depuis qu'elle a frappé une tête couronnée. Tels que des lions furieux, les régiments uplandais, smalandais, finlandais, d'Ostrogothie et de Westrogothie, se précipitent, pour la seconde fois, sur l'aile gauche de l'ennemi qui n'oppose plus au général Horn qu'une faible résistance, et est bientôt entièrement défait. En même temps, le duc

Bernard de Weimar, guerrier dont les talents égalaient le grand courage, prend le commandement de l'armée orpheline de son roi, et le génie de Gustave-Adolphe conduit encore ses phalanges victorieuses. » (*Histoire de la Guerre de trente ans, liv. III*).

L'importance du sujet, le parallèle entre les deux généraux, les suites qu'allait entraîner le résultat de la journée, les détails sur cette mémorable bataille et sur la mort du héros suédois, tout dans cette narration est du plus grand intérêt.

On peut choisir aussi pour sujet de narration un fait, une scène d'un ordre moins élevé. Nous emprunterons à Bernardin de Saint-Pierre le fragment suivant qui, pour le style, appartient au genre simple.

L'arrivée d'un vaisseau.

(Argument).

Impression que produit sur tout l'équipage la vue lointaine encore du sol de la patrie. — L'émotion, l'impatience croissent à mesure qu'on en approche. — La joie est au comble en abordant sur la terre de France.

(Récit).

« A quatre heures nous vîmes un petit chasse-ma-
» rée : on le questionna ; il ne put rien répondre ; le
» mauvais temps l'avait mis hors de route. A cinq
» heures on cria : *terre ! terre ! à bâbord :* nous cou-
» rûmes aussitôt sur le gaillard d'avant; quelques-uns
» grimpèrent dans les haubans. Nous vîmes distincte-
» ment, à l'horizon des rochers qui blanchissaient :

9.

» on saura que c'étaient les rochers de Penmare. Nous
» mîmes, le soir, en travers, et nous fîmes des bords
» toute la nuit. Au point du jour nous aperçûmes la côte
» à trois lieues devant nous ; mais personne ne la recon-
» naissait. Il faisait calme ; nous brûlions d'impatience
» d'arriver. Enfin on aperçut une chaloupe ; nous la
» hélâmes ; on nous répondit : *C'est un pilote.* Quelle
» joie d'entendre une voix sortir de la mer ! Chacun
» s'empressait, sur les lisses, à voir monter le pilote à
» bord. Bonjour, mon ami, lui dit le capitaine ; quelle
» est cette terre ? *C'est Belle-Ile, mon ami,* répondit
» ce bonhomme. Aurons-nous du vent ? *S'il plaît à*
» *Dieu, mon ami.*

» Il avait de gros pain de seigle que nous man-
» geâmes de grand appétit, parce qu'il avait été cuit en
» France .

» Le calme dura tout le jour ; vers le soir, le vent
» fraîchit. L'équipage passa la nuit sur le pont : on
» fit petites voiles. Le matin nous longeâmes l'île de
» Groix, et nous vînmes au mouillage.

» Les commis des fermes, suivant l'usage, montèrent
» sur le vaisseau ; après quoi, une infinité de barques
» de pêcheurs nous abordèrent. On acheta du poisson
» frais ; on se hâta de préparer un dernier repas ; mais
» on se levait, on se rasseyait, on ne mangeait point ;
» nous ne pouvions nous lasser d'admirer la terre de
» France.

» Je voulais débarquer avec mon équipage ; on ap-
» pelait en vain les matelots ; ils ne répondaient plus.
» Ils avaient mis leurs beaux habits ; ils étaient saisis

» d'une joie muette ; ils ne disaient mot : quelques-uns
» parlaient tout seuls.

» Je pris mon parti ; j'entrai dans la chambre du
» capitaine pour lui dire adieu. Il me serra la main, et
» me dit les larmes aux yeux : J'écris à ma mère. De
» tous côtés je ne voyais que des gens émus. J'ap-
» pelai un pêcheur et je descendis dans sa barque.
» En mettant pied à terre, je remerciai Dieu de m'a-
» voir enfin rendu à une vie naturelle. » (*Voyage à
l'Île de France*, lettre XXVII).

2° Narration fabuleuse ou poétique.

Nous entendons ici par narration fabuleuse, non pas
un apologue, une fable proprement dite, mais toute
narration prise dans un ouvrage de pure imagination,
dans les œuvres poétiques. Ainsi dans l'*Iliade* la
mort d'Hector, dans l'*Odyssée* le retour d'Ulysse à
Ithaque, dans l'*Énéide* l'épisode de Nisus et d'Euryale.

Le fragment suivant est aussi un exemple de narration fabuleuse.

Descente de Télémaque aux enfers.

(Argument).

Télémaque, persuadé que son père n'est plus sur la
terre, se détermine à l'aller chercher jusque dans les
enfers. — Description de la caverne Achérontia. —
Comment il parvient à pénétrer dans cette caverne.
— Il arrive sur les bords de l'Achéron.

(Récit).

« O mon père ! après avoir parcouru en vain les
terres et les mers pour vous trouver, je vais voir si

vous n'êtes point dans la sombre demeure des morts. Si les dieux me refusent de vous posséder sur la terre et à la lumière du soleil, peut-être ne me refuseront-ils pas de voir au moins votre ombre dans le royaume de la nuit.

» En disant ces paroles, Télémaque arrosait son lit de ses larmes. Aussitôt il se levait, et cherchait, par la lumière, à soulager la douleur cuisante que ces songes lui avaient causée; mais c'était une flèche qui avait percé son cœur, et qu'il portait partout avec lui.

» Dans cette peine, il entreprit de descendre aux enfers par un lieu célèbre, qui n'était pas éloigné du camp : on l'appelait Achérontia, à cause qu'il y avait en ce lieu une caverne affreuse, de laquelle on descendait sur les rives de l'Achéron, par lequel les dieux mêmes craignaient de jurer. La ville était sur un rocher, posée comme un nid sur le haut d'un arbre. Au pied de ce rocher on trouvait la caverne, de laquelle les timides mortels n'osaient approcher; les bergers avaient soin d'en détourner leurs troupeaux. La vapeur soufrée du marais Stygien qui s'exhalait sans cesse par cette ouverture, empestait l'air. Tout autour, il ne croissait ni herbe ni fleurs; on n'y sentait jamais les doux zéphirs, ni les grâces naissantes du printemps, ni les riches dons de l'automne : la terre, aride, y languissait; on y voyait seulement quelques arbustes dépouillés et quelques cyprès funestes. Au loin même, tout à l'entour, Cérès refusait aux laboureurs ses moissons dorées; Bacchus semblait en vain y promettre ses doux fruits : les grappes de raisin se desséchaient au lieu de mûrir. Les Naïades, tristes, ne faisaient point couler une onde pure ; leurs flots étaient toujours amers et troublés. Les oiseaux ne chantaient jamais dans cette terre hérissée de ronces et d'épines, et n'y trouvaient aucun bocage pour se retirer ; ils allaient chanter leurs amours sous un ciel plus doux. Là, on n'entendait que le croassement des corbeaux et la voix lugubre des hiboux : l'herbe même y était amère, et les troupeaux qui la paissaient ne sentaient point la douce joie qui les fait bondir. Le taureau fuyait la génisse ; et le berger, tout abattu, oubliait sa musette et sa flûte.

De cette caverne sortait de temps en temps une fumée noire et épaisse, qui faisait une espèce de nuit au milieu du jour. Les peuples voisins redoublaient alors leurs sacrifices pour apaiser les divinités infernales; mais souvent les hommes, à la fleur de leur âge et dès leur plus tendre jeunesse, étaient les seules victimes que ces divinités cruelles prenaient plaisir à immoler par une funeste contagion.

» C'est là que Télémaque résolut de chercher le chemin de la sombre demeure de Pluton. Minerve, qui veillait sans cesse sur lui, et qui le couvrait de son égide, lui avait rendu Pluton favorable. Jupiter même, à la prière de Minerve, avait ordonné à Mercure, qui descend chaque jour aux enfers pour livrer à Charon un certain nombre de morts, de dire au roi des ombres qu'il laissât entrer le fils d'Ulysse dans son empire.

» Télémaque se dérobe du camp pendant la nuit; il marche à la clarté de la Lune, et il invoque cette puis-

sante divinité, qui étant dans le ciel le brillant astre
de la nuit, et sur la terre la chaste Diane, est aux enfers la redoutable Hécate. Cette divinité écouta favora-
blement ses vœux, parce que son cœur était pur, et
qu'il était conduit par l'amour pieux qu'un fils doit à
son père. A peine fut-il auprès de l'entrée de la caverne, qu'il entendit l'empire souterrain mugir. La
terre tremblait sous ses pas; le ciel s'arma d'éclairs et
de feux qui semblaient tomber sur la terre. Le jeune
fils d'Ulysse sentit son cœur ému; tout son corps était
couvert d'une sueur glacée; mais son courage se sou-
tint; il leva les yeux et les mains au ciel. « Grands dieux,
s'écria-t-il, j'accepte ces présages que je crois heureux;
achevez votre ouvrage. » Il dit, et redoublant ses pas,
il se présente hardiment.

» Aussitôt la fumée épaisse qui rendait l'entrée de
la caverne funeste à tous les animaux, dès qu'ils en ap-
prochaient, se dissipa; l'odeur empoisonnée cessa pour
un peu de temps. Télémaque entra seul; car quel autre mortel eût osé le suivre! Deux Crétois, qui l'a-
vaient accompagné jusqu'à une certaine distance de la
caverne, et auxquels il avait confié son dessein, de-
meurèrent tremblants et à demi-morts assez loin de là,
dans un temple, faisant des vœux, et n'espérant plus
de revoir Télémaque.

» Cependant le fils d'Ulysse, l'épée à la main, s'en-
fonce dans les ténèbres horribles. Bientôt il aperçoit
une faible et sombre lueur, telle qu'on la voit pendant
la nuit sur la terre : il remarque les ombres légères
qui voltigent autour de lui, et il les écarte avec son épée;

ensuite il voit les tristes bords du fleuve marécageux
dont les eaux bourbeuses et dormantes ne font que
tournoyer. Il découvre sur ce rivage une foule innombrable de morts privés de la sépulture, qui se présentent en vain à l'impitoyable Charon. Ce dieu, dont la
vieillesse éternelle est toujours triste et chagrine, mais
pleine de vigueur, les menace, les repousse, et admet
d'abord dans sa barque le jeune Grec. En entrant, Télémaque entend les gémissements d'une ombre qui ne
pouvait se consoler, etc. » (FÉNELON, *Télémaque*,
liv. XIV).

Ainsi qu'on vient de le voir, Télémaque parle
et agit selon les croyances fabubuleuses des Grecs à
cette époque.

Après ce modèle de narration poétique en prose,
nous emprunterons à Delille la narration suivante en
vers, qui a le mérite de rappeler une anecdocte véritable.

Le jeune peintre égaré dans les Catacombes de Rome.

(Argument).

Un jeune peintre descend dans les catacombes de
Rome pour les visiter seul. Il déroule un peloton de fil
attaché à l'entrée, et s'aventure dans les routes tor-
tueuses de ces lieux souterrains. — Il perd son fil. —
Il fait d'inutiles efforts pour le retrouver, et pendant ce
temps, un flambeau dont il s'éclairait se consume et
s'éteint. — Ses anxiétés redoublent. Il cherche encore
longtemps au milieu de la plus profonde obscurité. —
Tout-à-coup il sent le fil sous son pied. —Vivacité de

sa joie lorsqu'il est sorti de ces cryptes et revoit la lumière du jour.

(Récit).

Sous les remparts de Rome et sous ses vastes plaines
Sont des antres profonds, des voûtes souterraines
Qui, pendant deux mille ans, creusés par les humains,
Donnèrent leurs rochers aux palais des Romains ;
Avec ses rois, ses dieux et sa magnificence,
Rome entière sortit de cet abîme immense.
Depuis, loin des regards et du fer des tyrans,
L'Église encor naissante y cacha ses enfants,
Jusqu'au jour où, du sein de cette nuit profonde,
Triomphante, elle vint donner des lois au monde,
Et marqua de sa croix les drapeaux des Césars.

  Jaloux de tout connaître, un jeune amant des arts,
L'amour de ses parents, l'espoir de la peinture,
Brûlait de visiter cette demeure obscure,
De notre antique foi vénérable berceau.
Un fil dans une main, et dans l'autre un flambeau,
Il entre ; il se confie à ces voûtes nombreuses
Qui croisent en tous sens leurs routes ténébreuses.
Il aime à voir ce lieu, sa triste majesté,
Ce palais de la nuit, cette sombre cité,
Ces temples où le Christ vit ses premiers fidèles,
Et de ces grands tombeaux les ombres éternelles.
Dans un coin écarté se présente un réduit,
Mystérieux asile où l'espoir le conduit,
Il voit des vases saints et des urnes pieuses,
Des vierges, des martyrs dépouilles précieuses ;
Il saisit ce trésor ; il veut poursuivre : hélas !
Il a perdu le fil qui conduisait ses pas.
Il cherche, mais en vain ; il s'égare, il se trouble ;
Il s'éloigne, il revient, et sa crainte redouble ;
Il prend tous les chemins que lui montre la peur.

  Enfin, de route en route et d'erreur en erreur,
Dans les enfoncements de cette obscure enceinte
Il trouve un vaste espace, effrayant labyrinthe,

D'où vingt chemins divers conduisent à l'entour.
Lequel choisir ? lequel doit le conduire au jour ?
Il les consulte tous, il les prend, il les quitte ;
L'effroi suspend ses pas, l'effroi les précipite ;
Il appelle : l'écho redouble sa frayeur ;
De sinistres pensers viennent glacer son cœur.
L'astre heureux qu'il regrette a mesuré dix heures
Depuis qu'il est errant dans ces noires demeures ;
Ce lieu d'effroi, ce lieu d'un silence éternel,
En trois lustres entiers voit à peine un mortel ;
Et pour comble d'effroi, dans cette nuit funeste,
Du flambeau qui le guide il voit périr le reste.
Craignant que chaque pas, que chaque mouvement,
En agitant la flamme en use l'aliment,
Quelquefois il s'arrête et demeure immobile.
Vaines précautions ! Tout soin est inutile ;
L'heure approche, et déjà son cœur épouvanté
Croit de l'affreuse nuit sentir l'obscurité.
Il marche, il erre encor sous cette voûte sombre,
Et le flambeau mourant fume et s'éteint dans l'ombre.
Il gémit ; toutefois d'un souffle haletant,
Le flambeau ranimé se rallume à l'instant.
Vain espoir ! par le feu la cire cousumée,
Par degrés s'abaissant sur la mèche enflammée,
Atteint sa main souffrante, et de ses doigts vaincus
Les nerfs découragés ne la soutiennent plus :
De son bras défaillant enfin la torche tombe,
Et ses derniers rayons ont éclairé sa tombe...
L'infortuné déjà voit cent spectres hideux ;
Le délire brûlant, le désespoir affreux,
La mort... non cette mort qui plaît à la victoire,
Qui vole avec la foudre et que pare la gloire,
Mais lente, mais horrible, et traînant par la main
La faim qui se déchire et se ronge le sein.
Son sang, à ces pensers, s'arrête dans ses veines.
Et quels regrets touchants, viennent aigrir ses peines !
Ses parents, ses amis qu'il ne reverra plus !
Et ces nobles travaux qu'il laissa suspendus !
Ces travaux qui devaient illustrer sa mémoire,
Qui donnaient le bonheur et promettaient la gloire.

Cependant il espère ; il pense quelquefois
Entrevoir des clartés, distinguer une voix.
Il regarde, il écoute... Hélas ! dans l'ombre immense
Il ne voit que la nuit, n'entend que le silence,
Et le silence ajoute encore à sa terreur.

Alors, de son destin sentant toute l'horreur,
Son cœur tumultueux roule de rêve en rêve ;
Il se lève, il retombe, et soudain se relève ;
Se traîne quelquefois sur de vieux ossements,
De la mort qu'il veut fuir horribles monuments ,
Quand tout-à-coup son pied trouve un léger obstacle :
Il y porte la main. O surprise! ô miracle !
Il sent, il reconnaît le fil qu'il a perdu,
Et de joie et d'espoir il tressaille éperdu.
Ce fil libérateur, il le baise, il l'adore,
Il s'en assure, il craint qu'il ne s'échappe encore ;
Il veut le suivre, il veut revoir l'éclat du jour ;
Je ne sais quel instinct l'arrête en ce séjour.
A l'abri du danger, son âme encor tremblante
Veut jouir de ces lieux et de son épouvante.
A leur aspect lugubre, il éprouve en son cœur
Un plaisir agité d'un reste de terreur ;
Enfin, tenant en main son conducteur fidèle,
Il part, il vole aux lieux où la clarté l'appelle.
Dieu ! quel ravissement quand il revoit les cieux
Qu'il croyait pour jamais éclipsés à ses yeux !
Avec quel doux transport il promène sa vue
Sur leur majestueuse et brillante étendue !
La cité, le hameau, la verdure, les bois,
Semblent s'offrir à lui pour la première fois ;
Et, rempli d'une joie inconnue et profonde,
Son cœur croit assister au premier jour du monde.

(DELILLE, *l'Imagination*, ch. VI.)

3° Narration plaisante et badine.

Le trait suivant, rapporté par M. de Ségur, offre un
modèle de narration plaisante.

L'horrible méprise.

(Argument).

Le banquier Suderland. — L'officier de police. — Surprise et inquiétude croissante du banquier par suite des réponses que fait à ses questions l'officier de police. — Étonnement, colère, désespoir de Suderland. — Le magistrat vaincu par ses supplications, mais tremblant de paraître jeter le moindre blâme sur l'acte si cruellement absurde qu'il croit ordonné par sa souveraine, fait enfin une démarche timide qui amène l'explication et le dénouement de cette horrible méprise.

(Récit).

« Un étranger très-riche, nommé Suderland, était banquier de la cour de Catherine II, et naturalisé en Russie ; il jouissait auprès de l'impératrice d'une assez grande faveur. Un matin on lui annonce que sa maison est entourée de gardes, et que le maître de police demande à lui parler.

» Cet officier, nommé Reliew, entre avec l'air consterné : « M. Suderland, dit-il, je me vois, avec un vrai chagrin, chargé par ma gracieuse souveraine d'exécuter un ordre dont la sévérité m'effraie, m'afflige, et j'ignore par quelle faute ou par quel délit vous avez excité à ce point le ressentiment de Sa Majesté. — Moi ! monsieur, répond le banquier, je l'ignore autant et plus que vous ; ma surprise surpasse la vôtre. Mais enfin quel est cet ordre ? — Monsieur, répond l'officier, en vérité le courage me manque pour vous le faire connaître. — Eh quoi ! aurais-je perdu la con-

fiance de l'impératrice ? — Si ce n'était que cela, vous
ne me verriez pas si désolé. La confiance peut revenir;
une place peut être rendue. — Eh bien! s'agit-il de
me renvoyer dans mon pays ? — Ce serait une contrariété ; mais avec vos richesses on est bien partout.
— Ah! mon Dieu! s'écria Suderland tremblant, est-il
question de m'exiler en Sibérie ? — Hélas! on en revient. — De me jeter en prison? — Si ce n'était que
cela, on en sort. — Bonté divine! voudrait-on me
knouter? — Ce supplice est affreux, mais il ne tue
pas. — Eh quoi! dit le banquier en sanglotant, ma
vie est-elle en péril? L'impératrice, si bonne, si clé-
mente, qui me parlait si doucement encore il y a deux
jours, elle voudrait... mais je ne puis le croire. Ah!
de grâce, achevez; la mort serait moins cruelle que
cette attente insupportable. — Eh bien! mon cher,
dit enfin l'officier de police avec une voix lamentable,
ma gracieuse souveraine m'a donné l'ordre de vous
faire empailler. — Empailler! s'écrie Suderland en regardant fixement son interlocuteur; mais vous avez
perdu la raison, ou l'impératrice n'aurait pas con-
servé la sienne; enfin vous n'auriez pas reçu un pareil ordre sans en faire sentir la barbarie et l'extrava-
gance. — Hélas! mon pauvre ami, j'ai fait ce qu'ordinairement nous n'osons jamais tenter; j'ai marqué ma
surprise, ma douleur; j'allais hasarder d'humbles re-
montrances; mais mon auguste souveraine, d'un ton
irrité, en me reprochant mon hésitation, m'a com-
mandé de sortir et d'exécuter sur-le-champ l'ordre
qu'elle m'avait donné, en ajoutant ces paroles qui

retentissent encore à mon oreille : « Allez, et n'oubliez
» pas que votre devoir est de vous acquitter, sans
» murmure, des commissions dont je daigne vous
» charger. »

» Il serait impossible de peindre l'étonnement, la colère, le tremblement, le désespoir du pauvre banquier.
Après avoir laissé quelque temps un libre cours à l'ex-
plosion de sa douleur, le maître de police lui dit qu'il
lui donne un quart-d'heure pour mettre ordre à ses
affaires. Alors Suderland le prie, le conjure, le presse
longtemps en vain de lui laisser écrire un billet à l'impératrice pour implorer sa pitié. Le magistrat, vaincu
par ses supplications, cède, en tremblant, à ses prières,
se charge de son billet, sort, et, n'osant aller au palais, se rend précipitamment chez le comte de Bruce,
gouverneur de Saint-Pétersbourg. Celui-ci croit que le
maître de police est devenu fou ; il lui dit de le suivre,
de l'attendre dans le palais, et court, sans tarder, chez
l'impératrice. Introduit chez cette princesse, il lui expose le fait.

» Catherine, en entendant ce récit, s'écrie : « Juste
» ciel ! quelle horreur ! En vérité, Reliew a perdu la
» tête. Comte, partez, courez, et ordonnez à cet in-
» sensé d'aller tout de suite délivrer mon pauvre ban-
» quier de ses folles terreurs et de le mettre en li-
» berté. »

» Le comte sort, exécute l'ordre, revient, et trouve
avec surprise Catherine riant aux éclats. « Je vois à
» présent, dit-elle, la cause d'une scène aussi burles-
» que qu'inconcevable : j'avais depuis quelques an-

» nées un joli chien que j'aimais beaucoup, et je
» lui avais donné le nom de *Suderland*, parce que
» c'était celui d'un Anglais qui m'en avait fait pré-
» sent. Ce chien vient de mourir ; j'ai ordonné à Re-
» lieu de le faire empailler ; et, comme il hésitait, je
» me suis mise en colère contre lui, pensant que, par
» une vanité sotte, il croyait une telle commision au-
» dessous de sa dignité : voilà le mot de cette ridicule
» énigme. »

Ce récit écrit avec naturel et simplicité, est conduit
avec beaucoup d'art. L'intérêt commence dès les premières lignes, croît à chaque mot du dialogue et se
soutient jusqu'au moment où s'explique enfin l'horrible méprise.

§ II. DE LA DISSERTATION.

Il ne suffit pas de raconter, de peindre les lieux et
les choses, il faut savoir raisonner, et communiquer
aux autres le résultat de ses réflexions. Ce mode d'exercice non moins important que la narration, mais plus
grave, accoutumera les jeunes personnes à développer
elles-mêmes des idées justes, des principes solides, à
motiver leur opinion sur un sujet historique ou moral,
enfin à expliquer certains phénomènes de la nature, etc.

Aidées dans ces exercices par les maîtres ou les maîtresses qui les guident de leur expérience, elles se fa-
miliariseront de bonne heure avec une foule d'idées
utiles, sérieuses, et s'habitueront à raisonner avec
justesse, sans rien perdre pour cela de la vivacité, de
la gaîté naturelle à leur âge.

Une bonne dissertation doit être *claire*, *rigoureuse*, *complète*, *animée*.

1° *Claire*. Nous avons déjà parlé plusieurs fois de cette qualité si essentielle.

2° *Rigoureuse*. Dans un sujet religieux ou moral, et même dans une discussion littéraire, une fois les principes posés, il faut en déduire rigoureusement les conséquences.

3° *Complète*. Si dans une bonne dissertation on doit éviter tout développement superflu, on doit aussi ne rien omettre de ce qui est essentiel au sujet; pour cela il faut avant d'écrire avoir bien médité la question, l'avoir analysée avec soin dans chacune de ses parties, et après avoir exposé avec ordre ses arguments, il faut encore prévoir les objections, et les réfuter d'avance, mais on se souviendra que dans la dissertation comme dans la narration il faut faire en sorte d'être complet sans être diffus.

La dissertation doit être *animée*. Les formes oratoires judicieusement employées, rendront les arguments plus entraînants. Nous voulons que les objets viennent se mettre sous nos yeux, nous voulons *un vrai* qui nous saisisse d'abord et qui remplisse notre âme de lumière et de chaleur.

Nous allons, comme nous avons fait pour la narration, confirmer par des exemples les principes que nous venons d'établir. Nous choisirons cinq sujets empruntés le 1er à la religion, le 2e à la morale, le 3e à l'histoire, le 4e à la science, le 5e à la littérature, et nous les ferons aussi précéder d'arguments pour montrer aux jeunes personnes de quelle manière on doit développer ces sortes de sujets. Nous n'ajouterons aucune réflexion à ces dissertations ; mais les jeunes personnes feront bien de les relire plusieurs fois en examinant de quelle manière elles y trouvent développé ce qui leur est indiqué par les arguments.

1° Dissertation religieuse.

Nécessité du culte religieux.

(Argument).

L'auteur établit cette nécessité 1° sur les premières notions de Dieu et de l'homme. — Dieu créateur de l'univers et conservateur de tous les êtres. — Dieu législateur suprême. — Dieu, enfin, juge souverain de tous les hommes, etc. 2° Des notions précédentes sur la Divinité découlent nécessairement des devoirs religieux à son égard. Devoir d'adoration et de reconnaissance envers un Dieu qui nous a créés, et qui nous conserve la vie. — Devoir d'obéissance à ses lois. — Obligation de se préparer à paraître sans reproche devant son tribunal.

(Texte).

» Oui, nous avons des devoirs à remplir envers la Divinité ; nous devons lui rendre des hommages, un culte en un mot, et, pour en sentir l'obligation, nous n'avons qu'à consulter, soit les premières notions de Dieu et de l'homme, soit les intérêts les plus chers et les plus sacrés de l'humanité. Écoutons la raison. Un Dieu créateur qui, possédant la plénitude de l'être et la source de la vie, a communiqué l'existence à tout ce qui compose cet univers; un Dieu conservateur, qui gouverne tout par sa sagesse, après avoir tout fait par sa puissance; embrassant tous les êtres dans les soins de sa providence universelle, depuis les mondes étoilés jusqu'à la fleur des champs, sans être ni plus grand dans les moindres choses, ni plus petit dans les plus grandes; un Dieu législateur suprême qui, commandant tout ce qui est bien, et défendant tout ce qui est mal, manifeste aux hommes ses volontés saintes par le ministère de la conscience; un Dieu enfin, juge souverain de tous les hommes, qui, dans la vie future, doit rendre à chacun selon ses œuvres, en décernant des châtiments au vice, et des prix à la vertu : voilà une doctrine avouée par la raison la plus pure, dont la connaissance, quoique sans doute en des degrés bien différents, est aussi universelle que le genre humain; que l'on retrouve dans sa pureté chez les Hébreux, plus développée encore chez les chrétiens, qui a bien pu être obscurcie par les superstitions païennes, *jamais anéantie* chez aucun peuple de la terre. Voilà des points de croyance qui sont indépendants des vaines opinions des hommes et des arguments des sophistes, et que nous avons d'ailleurs d'autant plus le droit de supposer en ce moment, que déjà plusieurs discours ont été consacrés à les établir.

» Or, comment ne pas voir que de ces notions de la Divinité découlent des devoirs religieux envers elle? Qui ne sentira que la raison, en nous découvrant ce que Dieu est par rapport à nous, nous montre par là même ce que nous devons être par rapport à lui? S'il

10

est notre créateur, ne faut-il pas que nous lui fassions hommage de l'être que nous avons reçu de sa bonté toute-puissante ? S'il nous conserve une vie dont il est l'arbitre, et qu'à tout moment il pourrait nous ravir, chaque instant où je continue de vivre est un nouveau bienfait qui demande un nouveau sentiment de reconnaissance. S'il est notre législateur, nous devons obéir à ses lois, les prendre pour règle de nos affections et de notre conduite. Enfin, s'il doit être un jour notre juge, ne faut-il pas que nous travaillions à paraître sans reproche devant son tribunal, et à ne pas tomber, coupables, dans les mains de sa justice. » (FRAYS-SINOUS, *du Culte religieux*).

2° Dissertation morale.

La Vérité.

(Argument).

La vérité, lumière du ciel, seule chose qui soit digne des soins et des recherches de l'homme. — Énumération des traits qui la distinguent et des biens qu'elle procure. — Elle seule forme des hommes héroïques et des sages dignes de ce nom.

(Texte).

« La vérité, cette lumière du ciel, figurée par l'étoile qui paraît aujourd'hui aux Mages, est la seule chose ici-bas qui soit digne des soins et des recherches de l'homme. Elle seule est la lumière de notre esprit, la règle de notre cœur, la source des vrais plaisirs, le fondement de nos espérances, la consolation de nos maux, le remède de toutes nos peines : elle seule est la ressource de la bonne conscience, la terreur de la mauvaise, la peine secrète du vice, la récompense intérieure de la vertu : elle seule immortalise ceux qui l'ont aimée, illustre les chaînes de ceux qui souffrent pour elle, attire des honneurs publics aux cendres de ses martyrs et de ses défenseurs, et rend respectables l'abjection et la pauvreté de ceux qui ont tout quitté pour la suivre : enfin, elle seule inspire des pensées magnanimes, forme des hommes héroïques, des âmes dont le monde n'est pas digne, des sages seuls dignes de ce nom. Tous nos soins devraient donc se borner à la connaître, tous nos talents à la manifester, tout notre zèle à la défendre ; nous ne devrions donc chercher dans les hommes que la vérité, ne vouloir leur plaire que par la vérité, n'estimer en eux que la vérité, et ne souffrir qu'ils voulussent nous plaire que par elle : en un mot, il semble donc qu'il devrait suffire qu'elle se montrât à nous, comme aujourd'hui aux Mages, pour se faire aimer ; et qu'elle nous montrât à nous-mêmes, pour nous apprendre à nous connaître. » (MASSILLON, exorde du *Sermon pour le jour de l'Épiphanie*).

3° **Dissertation historique.**

La dissertation historique a pour but de prouver un fait contesté, de fixer une date incertaine, d'indiquer les causes, les résultats des événements, ou d'établir une comparaison soit entre des peuples, des époques diverses, soit entre des personnages historiques.

La France, foyer de la civilisation européenne.

(Argument).

L'auteur après avoir montré qu'il y a une sorte
d'unité dans la civilisation des différents peuples de
l'Europe, comme on peut s'en convaincre en étudiant
leur histoire, fait voir que la France a toujours été le
centre, le foyer de la civilisation européenne et indi-
que les causes qui ont valu ce privilège à notre patrie.

(Texte).

« Il est évident qu'il y a une civilisation européenne ;
qu'une certaine unité éclate dans la civilisation des divers États de l'Europe ; que, malgré de grandes diver-
sités de temps, de lieux, de circonstances , cette civilisation découle de faits à peu près semblables ,
se rattache aux mêmes principes et tend à amener à
peu près partout des résultats analogues. Il y a donc
une civilisation européenne, et c'est de son ensemble
que je veux vous occuper.

» D'un autre côté, il est évident que cette civilisation ne peut être cherchée, que son histoire ne peut
être puisée dans l'histoire d'un seul des États euro-
péens. Si elle a de l'unité, sa variété n'en est pas
moins prodigieuse ; elle ne s'est développée tout entière dans aucun pays spécial. Les traits de sa physionomie sont épars : il faut chercher, tantôt en France,
tantôt en Angleterre, tantôt en Allemagne, tantôt en
Espagne, les éléments de son histoire.

» Nous sommes bien placés pour nous adonner à
cette recherche et étudier la civilisation européenne.

Il ne faut flatter personne, pas même son pays; cependant je crois qu'on peut dire sans flatterie que la France a été le centre, le foyer de la civilisation de l'Europe. Il serait excessif de prétendre qu'elle ait marché toujours, dans toutes les directions, à la tête des nations. Elle a été devancée, à diverses époques, dans les arts, par l'Italie; sous le point de vue des institutions politiques, par l'Angleterre. Peut-être sous d'autres points de vue, à certains moments, trouverait-on d'autres pays de l'Europe qui lui ont été supérieurs; mais il est impossible de méconnaître que, toutes les fois que la France s'est vue devancée dans la carrière de la civilisation, elle a repris une nouvelle vigueur, s'est élancée, et s'est retrouvée bientôt au niveau ou en avant de tous. Et non-seulement telle a été la destinée particulière de la France; mais les idées, les institutions civilisantes, si je puis ainsi parler, qui ont pris naissance dans d'autres territoires, quand elles ont voulu se transplanter, devenir fécondes et générales, agir au profit commun de la civilisation européenne, on les a vues, en quelque sorte, obligées de subir en France une nouvelle préparation; et c'est de la France, comme d'une seconde patrie, qu'elles se sont élancées à la conquête de l'Europe. Il n'est presque aucune grande idée, aucun grand principe de civilisation qui, pour se répandre partout, n'ait passé d'abord par la France.

» C'est qu'il y a dans le génie français quelque chose de sociable, de sympathique, quelque chose qui se propage avec plus de facilité et d'énergie que le génie de tout autre peuple : soit notre langue, soit le tour de notre esprit, de nos mœurs, nos idées sont plus populaires, se présentent plus clairement aux masses, y pénètrent plus facilement ; en un mot, la clarté, la sociabilité, la sympathie sont le caractère particulier de la France, de sa civilisation, et ces qualités la rendaient éminemment propre à marcher à la tête de la civilisation européenne. » (M. GUIZOT, *Histoire de la civilisation en Europe,* 1re leçon).

4° **Dissertation scientifique.**

Prenant ces mots dans leur plus modeste acception, nous n'effraierons pas les jeunes personnes en leur proposant des sujets qui dépasseraient les bornes dans lesquelles elles se doivent renfermer, mais nous emprunterons à l'illustre Cuvier le fragment suivant sur les bienfaits des sciences.

Bienfaits des Sciences.

(Argument).

Contraste entre la faiblesse de l'homme et son génie. — Origine des sciences mathématiques et des sciences physiques. — Conquêtes successives du génie, longtemps imparfaites et bornées, relativement aux rapports qui unissent les sciences. — Immenses résultats qu'elles peuvent avoir. — Énumération des principales découvertes.

(Texte).

« Jeté faible et nu à la surface du globe, l'homme paraissait créé pour une destruction inévitable ; les maux l'assaillaient de toutes parts ; les remèdes lui restaient cachés ; mais il avait reçu le génie pour les découvrir.

 » Les premiers sauvages cueillirent dans les forêts quelques fruits nourriciers, quelques racines salutaires, et subvinrent ainsi à leurs plus pressants besoins ; les premiers pâtres s'aperçurent que les astres suivent une marche réglée, et s'en servirent pour diriger leurs courses à travers les plaines du désert : Telle fut l'origine des sciences mathématiques, et celle des sciences physiques.

 » Une fois assuré qu'il pouvait combattre la nature par elle-même, le génie ne se reposa plus ; il l'épia sans relâche ; sans cesse, il fit sur elle de nouvelles conquêtes, toutes marquées par quelque amélioration dans l'état des peuples.

 » Se succédant dès lors sans interruption, des esprits méditatifs, dépositaires fidèles des doctrines acquises, constamment occupés de les lier, de les vivifier les unes par les autres, nous ont conduits, en moins de quarante siècles, des premiers essais de ces observateurs agrestes aux profonds calculs des Newton et des Laplace, aux énumérations savantes des Linnæus et des Jussieu. Ce précieux héritage, toujours accru, porté de la Chaldée en Égypte, de l'Égypte dans la Grèce, caché pendant des siècles de malheurs et de ténèbres, recouvré à des époques plus heureuses, inégalement répandu parmi les peuples de l'Europe, a été suivi partout de la richesse et du pouvoir : les nations qui l'ont recueilli sont devenues les maîtresses du monde; celles qui l'ont négligé, sont tombées dans la faiblesse et dans l'obscurité.

» Il est vrai que, longtemps, ceux mêmes qui eurent le bonheur de révéler quelques vérités importantes, n'aperçurent pas dans leur entier les grands rapports qui les unissent toutes, ni les conséquences infinies qui peuvent découler de chacune.

» Il n'aurait pas été naturel que ces matelots phéniciens qui virent le sable des rivages de la Bétique se transformer au feu en un verre transparent, pressentissent aussitôt que cette matière nouvelle pourrait prolonger pour les vieillards les jouissances de la vue ; qu'elle aiderait l'astronome à pénétrer dans les profondeurs des cieux, et à nombrer les étoiles de la voie lactée ; qu'elle découvrirait au naturaliste un petit monde aussi peuplé, aussi riche en merveilles, que celui qui semblait seul avoir été offert à ses sens et à son étude ; qu'enfin son usage le plus simple, le plus immédiat, procurerait un jour aux riverains de la mer Baltique la possibilité de se construire des palais plus magnifiques que ceux de Tyr et de Memphis, et de cultiver, presque sous les glaces du cercle polaire, les fruits les plus délicieux de la zone torride.

» Lorsqu'un bon religieux, dans le fond d'un cloître d'Allemagne, enflamma pour la première fois un mélange de soufre et de salpêtre, quel mortel aurait pu lui prédire tout ce qui allait naître de son expérience? changer l'art de la guerre, soustraire le courage à la supériorité de la force physique ; rétablir en Occident l'autorité des rois, empêcher que jamais les pays civilisés ne pussent de nouveau être la proie des nations barbares; devenir enfin une des grandes causes de la propagation des lumières, en contraignant à s'instruire les peuples qui jusqu'alors avaient été presque partout les fléaux de l'instruction : telle était la destination de l'une des plus simples compositions de la chimie...

» En s'élevant ainsi au-dessus de tout, la science a tout atteint de ses regards; tous les arts lui ont été soumis; l'industrie l'a reconnue pour sa régulatrice; elle a servi et protégé l'homme dans tous ses états, et elle s'est entrelacée, de la manière la plus intime et la plus sensible, à tous les rapports de la société.

» Déjà, avant qu'elle fût parvenue à cette hauteur de généralité, il n'avait pas été difficile de s'apercevoir que ses observations en apparence les plus humbles, les plus indifférentes, pourraient faire naître des changements aussi importants qu'inattendus dans les usages, dans le commerce, dans la fortune publique.

» Un botaniste, dont à peine on sait le nom*, apporta le tabac du Nouveau-Monde en Europe, vers le temps de la Ligue; aujourd'hui, cette plante donne à la France seule la matière d'un impôt de cinquante millions; les autres pays de l'Europe en retirent des ressources proportionnées; jusque dans le fond de la Turquie et de la Perse, elle est devenue un grand article de commerce et d'agriculture.

» Un autre botaniste, à l'époque de la Régence, fit passer à la Martinique un pied de café, de cet arbuste d'Arabie qui lui-même n'avait commencé d'être connu

* Nicod.

en Europe que dans les premières années de
Louis XIV. Ce pied unique a donné tous ceux de nos
îles ; il a enrichi les colons. L'usage de cette graine est
devenu vulgaire, et certainement elle a été plus efficace
que toute l'éloquence des moralistes pour détruire
l'abus du vin dans les classes supérieures de la société.

» Qui pourrait répondre qu'aujourd'hui même nos
jardins botaniques ne recèlent pas quelque herbe mé-
prisée, destinée à produire dans nos mœurs ou dans
notre économie politique de tout aussi grandes révo-
lutions? » (G. CUVIER, *Réflexions sur les rapports des
sciences avec la société.*)

5° Dissertation littéraire.

Le Dante.

(Argument).

L'œuvre du Dante était pour lui une vengeance,
une arme. — Effet que produisaient ses récits. — Sa
puissance, même dans l'exil. Sa popularité. — Anecdote.
— Comment on se représente le Dante. — Pourquoi il
écrivit son poème en langue vulgaire.

(Texte).

« Ce fut, errant, malheureux, qu'il acheva son sublime ouvrage. Ce travail n'était pas seulement une
préoccupation poétique ; c'était sa vengeance, c'était
son arme. Maître de l'enfer, du purgatoire et du para-
dis, les possédant par droit de génie, il pouvait là donner des places à ses ennemis et à ses amis. Cet exilé,
ce banni, que vous aviez chassé de Florence, dont vous

aviez rédigé la sentence de mort, il avait à peine un asile ; il était obligé, comme il le dit, de monter et de redescendre l'escalier d'autrui, et de sentir combien est amer le pain de l'étranger. Cependant il était bien plus puissant que vous. Du milieu de sa fuite, de son exil, il pensait, il écrivait, il punissait ses ennemis. Il y avait trois hommes qui s'étaient montrés ses persécuteurs ; il ne les tuait pas, il les laissait à Florence ; mais il disait dans ses vers que ces trois hommes étaient morts, qu'il les avait vus dans l'enfer, que leurs corps n'avaient plus qu'une apparence de vie animée par des démons. Ces récits terribles faisaient fuir les Florentins à l'approche des trois damnés vivants, qui eux-mêmes peut-être n'étaient pas sûrs d'être en vie, et ne savaient s'ils n'étaient pas en effet des démons, et si le poète n'avait pas raison.

» Voilà la terrible puissance que le génie de cet homme exerçait sur ses contemporains ; voilà ce qui vous expliquera sans peine pourquoi ses chants étaient répétés partout, pourquoi il avait mille occasions de s'impatienter en rencontrant un forgeron ou un ânier qui estropiait quelques-uns de ses vers. Cette gloire populaire était mêlée de je ne sais quelle terreur mystique qui s'attachait au nom, à la présence du poète.

» Vous savez cette joie de Démosthène, le jour où il entendit une femme du peuple disant : « Vois-tu cet homme ? c'est Démosthène. » Dante recueillait souvent de ces témoignages naïfs d'admiration populaire. A Vérone, passant près d'une porte où plusieurs femmes étaient assises, il entendit une d'elles dire à voix basse : « Voyez-vous cet homme? c'est lui qui va en enfer quand il veut, et qui en revient, et qui rapporte des nouvelles de ceux qui sont là-bas; » et une autre répondre : « Ce que tu dis doit être vrai ; ne vois-tu pas comme il a la barbe crépue et le teint noirci? c'est le feu et la fumée de l'enfer. » Il sourit en continuant son chemin, et ne fut pas fâché de cette crédule terreur qui inspirait plus de foi dans ses vers.

» Ainsi votre pensée se figure cet homme de génie mêlé à ses contemporains, et solitaire parmi eux, profondément ulcéré, guelfe par patriotisme, gibelin par vengeance, entassant à son gré toutes les puissances de la terre dans ces fournaises qu'il allume...

» Le Dante avait d'abord voulu composer son grand ouvrage en langue latine, mais le progrès de la poésie italienne, les hommages qu'il recevait dans les villes où il promenait son malheur, montrant, comme il le dit lui-même, les blessures que lui avait faites la Fortune, tout le jetait dans l'idiome vulgaire : c'est au peuple qu'il veut parler. » (M. VILLEMAIN, *Tableau de la littérature au Moyen-âge*, X^e leçon.)

Questionnaire.

Ne doit-on pas s'exercer à appliquer à des compositions graduées les préceptes de la Rhétorique? — Quels sont les moyens divers pour former le style? — Quels sont les différents genres d'exercices littéraires? — Quelles sont les qualités d'une bonne Narration? — Définissez les préceptes et donnez un exemple de Narration historique. — Dans le genre élevé. — Dans le genre simple. — De Narration fabuleuse ou poétique. — De Narration plaisante. — Quelles qualités doit avoir la Dissertation? — Définissez la Dissertation religieuse et donnez-en un exemple. — La Dissertation morale. — La Dissertation historique. — La Dissertation scientifique. — La Dissertation littéraire.

CHAPITRE II.

—

UTILITÉ PRATIQUE DE LA RHÉTORIQUE.

Le but final de toutes les études de la jeunesse doit toujours être pratique; ce qui n'est point applicable à la vie réelle est superflu dans l'éducation. Il n'en est pas ainsi de la Rhétorique : non-seulement elle est d'une nécessité indispensable dans les diverses carrières qui imposent l'obligation spéciale de parler en public, et elle est utile à tous les hommes ; mais les femmes elles-mêmes ont besoin d'en connaître les principes, puisque, comme nous l'avons dit au commencement de cet ouvrage [*], c'est aussi pour elles un grand avantage de s'exprimer avec pureté et avec élégance, n'eussent-elles à le faire que dans leurs lettres et dans la conversation.

Disons d'abord quelques mots du style épistolaire.

§ I. DU STYLE ÉPISTOLAIRE.

Premier principe du style épistolaire. — La plus simple correspondance offre l'occasion de mettre en pratique les règles générales de l'art d'écrire; toutefois le seul principe qu'on puisse véritablement établir en fait de style épistolaire se peut réduire à ces mots : soyez *naturel*, soyez *vrai*, soyez *vous*. Une lettre ad-

—

[*] Voyez l'Introduction, page 2.

met tous les tons, tous les sujets ; mais qu'on écrive
sous une impression de tristesse ou de gaîté, qu'on
veuille exprimer des sentiments affectueux, ou manifester une disposition contraire ; qu'on parle de sujets
graves ou qu'on raconte les faits les plus simples, on
peut, on doit toujours rester soi-même, et donner à
ses expressions l'empreinte de son âme. Madame de
Sévigné offre sur ce point les modèles les plus parfaits.
Chacun a lu le récit qu'elle fait à sa fille de la mort de
Turenne. Nous ne citerons que ces mots :

« Ne croyez point, ma fille, que son souvenir soit déjà
» fini dans ce pays-ci : ce fleuve qui entraîne tout,
» n'entraîne pas sitôt une telle mémoire ; elle est con-
» sacrée à l'immortalité... Chacun conte l'innocence
» de ses mœurs, la pureté de ses intentions, son hu-
» milité éloignée de toute sorte d'affectation, la solide
» gloire dont il était plein sans faste et sans ostenta-
» tion, aimant la vertu pour elle-même, sans se sou-
» cier de l'approbation des hommes. * » Cette lettre,
pleine d'abandon et de simplicité, est le plus beau monument élevé à la gloire de Turenne.

Doit-on écrire comme on parle? On a dit que puisque une lettre n'est qu'une conversation par écrit, il
fallait écrire comme on parle ; oui, sans doute, mais en
supposant qu'on parle bien ; car telle négligence, telle
faute de style qui passe presque inaperçue dans la conversation sera remarquée dans une lettre. On ne doit
donc pas se dispenser d'y apporter du soin. Ainsi,
avant d'écrire, il faut d'abord savoir ce qu'on veut

---

* Lettre du 16 août 1675.

mander; il faut aussi, et c'est là un préliminaire essentiel, il faut, dis-je, bien connaître, bien établir sa vraie
position relativement à la personne à laquelle on écrit.
Est-ce, par exemple, un père, une mère, un protecteur? est-ce quelqu'un dont l'âge ou la dignité impose? alors tout en exprimant ses sentiments, on doit
garder une certaine mesure dans les termes qu'on
emploie; et c'est là encore une observation à faire aux
jeunes personnes; elles diront peut-être: « mais ce
père, cette mère, ce protecteur exigent que nous ban-
nissions toute contrainte avec eux; que nous leur par-
lions avec une pleine confiance et avec la plus grande
familiarité. » Quand il en serait ainsi, n'importe,
qu'elles gardent toujours les formes du respect, même
dans leurs épanchements les plus affectueux; l'usage
leur apprendra qu'on peut les concilier avec une aimable liberté.

Elles feront également attention aux formules finales
de leurs lettres. Ces formules, fixées par les règles de
la politesse selon les divers degrés de la hiérarchie so-
ciale, varient aussi d'après la position que la personne
qui écrit se trouve avoir à l'égard de celle qui reçoit
sa lettre. Ces nuances bien observées sont considérées avec juste raison, comme une preuve de tact et
de bon goût.

Lettres d'affaires. On comprend qu'une lettre d'affaire ne doit pas être écrite du même ton qu'une lettre
familière et intime; et quoique une jeune personne
soit rarement obligée d'écrire des lettres d'affaires, cependant comme elle pourra plus tard être dans cette

nécessité, il est bon qu'elle sache que dans ce cas il faut aller droit au fait, sans préambule et sans développements inutiles, être clair, laconique et serré, et surtout se garder de faire de l'esprit. En affaires, le bon sens suffit ; il est préférable à tout.

Lettres familières et intimes. — Mais où une jeune personne peut exprimer toutes ses pensées, et laisser parler son âme tout entière, c'est dans les lettres qu'elle écrit à des amies ou à des parents chéris ; ce que nous avons dit des formes du respect envers ces derniers ne doit leur rien faire perdre de sa confiance. Tous les sujets lui seront donc permis dans ces sortes de lettres, et elle y laissera sans crainte courir sa plume. Elle aurait tort cependant de trop compter sur l'indulgence de ses lecteurs ; s'ils se font un devoir de renoncer à la critique, son devoir à elle est de songer à leur être agréable, et plus ils sont indulgents à son égard, plus elle doit être sévère pour elle-même. Qu'elle n'écrive donc pas indistinctement tout ce qui lui vient à l'esprit ; qu'elle choisisse dans ses idées, qu'elle les dispose en bon ordre pour mieux les faire valoir, et qu'elle n'emploie les mots, les expressions qu'après s'en être bien rendu compte. Comme le naturel fait le charme d'une lettre, il semble à certains esprits qu'on ne doive pas chercher une minute ce que l'on va dire. C'est une erreur, et en suivant ce principe, à moins d'être doué de cette heureuse facilité, de ce tact prompt et infaillible, partage d'un si petit nombre, on s'expose à n'écrire que des lettres décousues et fastidieuses.

Trois principaux sujets de lettres familières. Dans

l'intimité, la correspondance roule ordinairement sur trois espèces de sujets : un fait à raconter, une opinion à discuter, des sentiments à exprimer, et quelquefois ces trois sujets sont la matière d'une même lettre. Quand on raconte il faut choisir les faits les plus capables de piquer la curiosité et les peindre de manière à la satisfaire, c'est ce que fait madame de Sévigné, avec un art ou plutôt avec un instinct admirable. On en peut juger par mille endroits de ses lettres, nous citerons l'exemple suivant :

« Il faut que je vous conte une petite historiette,
» qui est très-vraie, et qui vous divertira. Le roi se
» mêle depuis peu de faire des vers ; messieurs de
» Saint-Aignan et Dangeau lui apprennent comment il
» faut s'y prendre. Il fit l'autre jour un petit madrigal
» que lui-même ne trouva pas trop joli. Un matin il
» dit au maréchal de Grammont : « Monsieur le ma-
» réchal, lisez, je vous prie, ce petit madrigal, et voyez
» si vous en avez jamais vu un si impertinent : parce
» qu'on sait que depuis peu j'aime les vers, on m'en
» apporte de toutes les façons. » Le maréchal, après
» avoir lu, dit au roi : « Sire, Votre Majesté juge di-
» vinement bien de toutes choses ; il est vrai que voilà
» le plus sot et le plus ridicule madrigal que j'aie ja-
» mais lu. » Le roi se mit à rire et lui dit : « N'est-il
» pas vrai que celui qui l'a fait est bien fat ? — Sire,
» il n'y a pas moyen de lui donner un autre nom. —
» Oh ! bien, dit le roi, je suis ravi que vous m'en ayez
» parlé si bonnement ; c'est moi qui l'ai fait. — Ah !
» Sire, quelle trahison ! que Votre Majesté me le rende ;

» je l'ai lu brusquement. — Non, monsieur le maré-
» chal; les premiers sentiments sont toujours les plus
» naturels. » Le roi a fort ri de cette folie, et tout le
» monde trouve que voilà la plus cruelle petite chose
» que l'on puisse faire à un vieux courtisan. Pour moi,
» qui aime toujours à faire des réflexions, je voudrais
» que le roi en fît là-dessus, et qu'il jugeât par là
» combien il est loin de connaître jamais la vérité. »

Nous appellerons maintenant l'attention des jeunes
personnes sur une narration d'un genre bien opposé.
Il s'agit, pour madame de Sévigné, de peindre la plus
extrême douleur, celle d'une mère à la nouvelle de la
mort de son fils.

« Madame de Longueville fait fendre le cœur, à ce
» qu'on dit; je ne l'ai point vue, mais voici ce que je
» sais. Mademoiselle de Vertus était retournée depuis
» deux jours à Port-Royal, où elle est presque tou-
» jours. On est allé la quérir avec M. Arnauld, pour
» dire cette nouvelle. Mademoiselle de Vertus n'avait
» qu'à se montrer; ce retour si précipité marquait
» bien quelque chose de funeste. En effet, dès qu'elle
» parut : Ah! mademoiselle, comment se porte mon-
» sieur mon frère? Sa pensée n'osa aller plus loin.
» Madame, il se porte bien de sa blessure. Il y a eu un
» combat. Et mon fils? On ne lui répondit rien. Ah!
» mademoiselle, mon fils, mon cher enfant, répondez-
» moi, est-il mort? — Madame, je n'ai point de paro-
» les pour vous répondre. — Ah! mon cher fils! est-il
» mort sur-le-champ? n'a-t-il pas eu un seul moment?
» Ah! mon Dieu! quel sacrifice! Et là-dessus elle tombe

» sur son lit, et tout ce que la plus vive douleur peut
» faire, et par des convulsions, et par des évanouisse-
» ments, et par un silence mortel, et par des cris
» étouffés, et par des larmes amères, et par des élans
» vers le ciel, et par des plaintes tendres et pitoyables,
» elle a tout éprouvé *. »

Quoique ces deux morceaux soient bien différents,
il est facile d'y reconnaître le même auteur ; c'est toujours cette imagination vive qui s'attache aux moindre détails, et qui trouve pour les rendre les expressions
les plus heureuses et les plus justes ; c'est le même
abandon, le même mouvement dans le style ; ce n'est
plus une lettre que nous lisons, ce sont des faits qui se
passent sous nos yeux, et nous sommes témoins de la
douleur de madame de Longueville comme de la vive
contrariété du maréchal de Grammont.

Dissertation par lettre. Si une jeune personne se
trouve dans le cas de soutenir par lettre une opinion,
qu'elle la soutienne consciencieusement, mais en se
gardant bien de prendre un ton sec et tranchant qui
pourrait blesser l'amour-propre de ses lecteurs.

*Lettre exprimant un sentiment vif d'affection ou
d'inimitié, etc.* De même, en écrivant sous l'impulsion d'un sentiment qui la maîtrise, qu'il soit d'affection ou d'inimitié, d'indignation ou d'enthousiasme,
une jeune personne se défiera des expressions qui auront pu lui échapper ; elle attendra au lendemain pour
faire partir sa lettre afin de la relire avec calme et sang-

---

* Lettre du 20 juin 1672.

froid, et s'il arrive alors que frappée du ton d'exagération qu'elle y aperçoit, elle croie devoir la condamner au feu, elle s'épargnera peut-être des regrets irréparables. Les paroles glissent sur l'âme, l'impression qu'elles ont produite peut s'effacer ou s'affaiblir ; mais une lettre une fois lancée on n'y peut plus rien changer. La pensée de celui qui l'a écrite est devenue la propriété d'autrui, et cette lettre peut avoir des suites très-fâcheuses pour son auteur.

Éviter le commérage dans les lettres. Les jeunes personnes doivent aussi se garantir dans leurs lettres de ce qu'on appelle le *commérage*, nous voulons dire ces récits, tout au moins inutiles, par lesquels elles prétendent égayer des parents, des amis éloignés en leur racontant sur le ton de la plaisanterie ce qu'elles savent ou croient savoir, des défauts, des travers, des ridicules de la société dans laquelle elles vivent. C'est un tort grave au point de vue de la prudence, comme à celui de la charité. Une femme célèbre, dont les lettres sont des modèles de bon sens, de bon goût, et de convenance toujours parfaite, madame de Maintenon, semble avoir toujours eu ces maximes devant les yeux ; il n'y a peut-être pas dans toute sa correspondance deux lignes qu'elle eût voulu effacer.

Ressources pour alimenter la correspondance. Tout en se renfermant ainsi dans de justes bornes, les jeunes personnes ne manqueront pas de sujets pour écrire : leurs études, leurs plaisirs, leurs observations en voyage sur les sites, les monuments qui auront frappé leurs regards, enfin les mille incidents de la vie même la plus calme, la plus monotone, en voilà plus qu'il n'en faut pour donner de l'intérêt à leur correspondance.

§ II. — DE LA CONVERSATION.

Il y aurait de la pédanterie à vouloir tracer d'une manière complète les règles de la conversation ; cependant comme *bien dire* est toujours bien dire, et que pour parler, même dans la société la moins nombreuse, il faut des idées, et des mots pour les exprimer, la Rhétorique ne peut rester entièrement étrangère à cet objet ; elle nous fournira donc encore pour la jeunesse sinon des préceptes positifs, du moins quelques avis sur l'art de converser.

Conseils en fait de conversation.

1° *Savoir se taire.* Le premier conseil qu'on puisse donner aux jeunes personnes en fait de conversation, c'est de *savoir se taire ;* on leur tient en général moins compte de ce qu'elles disent, que de ce qu'elles ne disent pas ; et si elles pouvaient comprendre ce qu'elles gagnent à parler peu, elles deviendraient la plupart réservées et silencieuses, ne fût-ce que par amour-propre. Il faut laisser la parole à ceux qui ont traversé une partie de la vie, qui ont éprouvé la bonne et la mauvaise fortune, et qui ont beaucoup à dire parce qu'ils ont beaucoup vu : la liberté de parler est le privilége d'un âge avancé.

2° *Savoir écouter.* Si le premier principe est de savoir se taire, le second est de *savoir écouter,* et il faut avouer que très-peu de personnes le possèdent, celles mêmes qui se résignent à se taire, ne consentent pas toujours à écouter; souvent leur air distrait, leur contenance embarrassée prouvent que leur attention est bien loin de ce qu'on leur dit, ou bien elles cachent mal en écoutant, le désir qu'elles ont de répondre, méditent ce qu'elles se proposent de dire, et sourient d'avance à l'esprit qu'elles vont montrer. On ne saurait trop conseiller à la jeunesse de se garantir d'un pareil travers. Nous citerons à ce sujet l'anecdote suivante d'une dame à qui l'on avait recommandé un certain homme comme fort spirituel et fort aimable. Cette dame se piquait de n'être pas sotte, et n'était pas avare de paroles dans la conversation; elle consentit à recevoir la personne qu'on lui avait vantée; la visite dura deux heures; et lorsqu'elle revit ceux qui lui avaient fait faire cette nouvelle connaissance : « Vous aviez bien raison, leur dit-elle; c'est un homme charmant, il a de l'esprit comme un ange. » Cet homme charmant se trouvait être muet; mais il n'était pas sourd apparemment : il avait su écouter, et il avait paru plus aimable que l'homme le plus spirituel.

3° *S'abstenir du commérage dans la conversation.* Si les jeunes personnes ont fait attention à ce que nous leur avons dit pour les engager à s'abstenir du commérage dans leurs lettres, elles s'en abstiendront également dans la conversation. Ce ne sont pas seulement les graves médisances qu'elles devront s'interdire, mais même ces petits propos, ces médisances de salon, pitoyable ressource inventée par l'oisiveté et par un besoin effréné de parler.

4° *Parler de soi le moins possible.* Elles doivent aussi éviter de parler d'elles-mêmes, à moins de le faire pour répondre aux questions qui leur seraient adressées.

5° *Prendre plutôt les sujets qui intéressent personnellement ceux avec qui l'on cause.* Elles parleront de préférence de ce qui peut intéresser personnellement ceux qui causent avec elles. C'est ce que Racine conseillait à son fils aîné : « Ne croyez pas, lui » disait-il, que ce soient mes pièces qui m'attirent les » caresses des grands ; Corneille fait des vers cent fois » plus beaux que les miens, et cependant personne ne » le regarde ; on ne l'aime que dans la bouche de ses » acteurs. Au lieu que sans fatiguer les gens du monde » du récit de mes ouvrages, dont je ne leur parle ja- » mais, je les entretiens de choses qui leur plaisent. Mon » talent avec eux n'est pas de leur faire sentir que j'ai de » l'esprit, mais de leur apprendre qu'ils en ont. »

Style de la conversation. Disons aussi quelques mots de ce qu'on peut appeler le style de la conversation.

Il doit être vrai. Il faut d'abord être *vrai* et ne pas prononcer une seule parole qui ne soit inspirée par une conviction réelle.

Simple et naturel. Il faut aussi parler simplement, fuir les grands mots et les grandes phrases, et tout en tenant à la correction, prendre garde de tomber dans ce qu'on appelle le *purisme*, c'est un défaut dans l'éloquence et un ridicule dans la conversation.

Avoir soin de ne parler qu'à son tour. Il ne suffit pas d'être vrai, naturel et simple dans son langage, il faut encore ne parler *qu'à son tour.* Cicéron défend de s'emparer de la conversation, et de l'exploiter comme son bien propre. On vient en société pour échanger ses idées, et non pour entendre un orateur. Nous finirons par ces paroles de Fénelon qui dominent en les résumant toutes les règles de la Rhétorique :

« *L'homme digne d'être écouté, c'est celui qui ne se sert de la parole que pour la pensée, et de la pensée que pour la vérité et la vertu.* »

Questionnaire.

Quelle est l'utilité pratique de la Rhétorique ? — Donnez quelques notions sur le style épistolaire. — Quel est le premier principe du style épistolaire ? — Doit-on écrire comme on parle ? — Ce qu'il faut faire avant d'écrire. — A quoi faut-il toujours prendre garde dans ses lettres et en les terminant? — Comment doit-on écrire une lettre d'affaire ? — Une lettre familière ? — Quelles règles y faut-il garder ? — Quels sont les principaux sujets d'une lettre familière ? — Quelles observations y a-t-il à faire sur les récits épistolaires. — Indiquez les règles à observer dans une dissertation par lettre ? — Quelles précautions doit-on prendre par rapport aux lettres où l'on exprime ses sentiments ? — Que faut-il éviter en général dans les lettres ? — Quelles ressources peuvent alimenter agréablement la correspondance ? De la conversation. — Quel est le premier avis en fait de conversation ? — De quoi doit-on s'abstenir ? — Quels sujets doit-on choisir de préférence ? — Quel doit-être le style de la conversation ? — Quel soin faut-il avoir ? — Comment Fénelon résume-t-il toutes les règles de la Rhétorique ?

NOTIONS

SUR

LA POÉSIE ET LA VERSIFICATION *.

De la Poésie.

La Poésie, le plus ancien des arts de l'esprit et le plus naturel à l'homme, est le produit de l'inspiration guidée par la réflexion et le génie.

Elle a des beautés *idéales* et des beautés *positives.* Les unes sont de convention, c'est-à-dire particulières aux temps, aux siècles, aux mœurs, aux idiômes; les autres sont impérissables. Elles frappent tous les hommes; c'est pourquoi, après trois mille ans, on admire encore les poèmes d'Homère; c'est pourquoi, même sans avoir aucune notion de littérature, on applaudit aux beaux endroits de Corneille, de Racine, et de Molière.

Rien de plus commun que les vers, rien de si rare que la poésie. Le véritable poète est celui qui remue l'âme et qui l'attendrit; les autres sont de beaux parleurs qui mettent des lieux communs en rimes plus ou moins heureuses.

Aussi à l'exception de Boileau et de Racine, avons-nous peu de poètes toujours élégants, toujours corrects. Les beaux morceaux de Corneille, les meilleures

---

* Ces notions mettront les jeunes personnes dans le cas de mieux apprécier les exemples qu'offre ce cours de Rhétorique.

scènes de Molière, les opéras de Quinault, les fables
de La Fontaine, sont bien écrits, et ne sont pas sans
défauts: voilà pourtant les seuls génies qui aient il-
lustré la poésie en France dans le grand siècle. Voltaire parut ensuite. Doué d'une imagination brillante, il
embrassa tous les sujets et donna le premier un poème
épique à notre littérature.

Moyen de connaître la véritable valeur des vers.
Veut-on connaître leur valeur intrinsèque? Il suffit
de les mettre en prose, sans y rien changer d'ailleurs,
pour apercevoir la faiblesse, l'impropriété des termes,
les solécismes. Les vers des grands maîtres soutiennent
seuls cette épreuve, les autres y succombent.

Difficulté de la versification. L'art du versificateur
français (nous ne disons pas du poète) est donc d'une
grande difficulté. Boileau, ce juge souverain du Par-
nasse, a tracé toutes les règles de la versification dans
son *Art poétique*, ouvrage admirable parce qu'il dit
toujours des choses vraies et utiles, parce qu'il donne
toujours le précepte et l'exemple, parcequ'il est varié;
parceque l'auteur en ne manquant jamais à la pureté
de la langue a de ces vers qu'on retient, qu'on sait
par cœur, et qui sont comme les oracles du bon sens
et de la raison.

Définition du vers. On peut définir le vers une
courte phrase harmonieuse, qui a son rhythme *, sa ca-
dence, sa mesure. Les vers français est *syllabique*, c'est-

---

* On entend par *rhythme*, le nombre, la mesure du vers; il
varie avec le nombre de syllabes qu'on emploie; c'est au poète
à régler son rhythme selon la nature de son sujet.

à-dire qu'il a pour principe le nombre des syllabes *. Ce nombre varie selon les différentes espèces de vers. Il y en a de douze, de dix, de huit, de sept, de six, de cinq, de quatre, de trois, de deux et même d'une seule syllabe.

La *Rime* et la *Césure* concourent à l'harmonie des vers.

La Rime est le retour régulier des mêmes consonnances. Elle est masculine ou féminine.

La Césure est un repos que le sens doit autoriser; elle coupe le vers en deux hémistiches **.

La rime est *masculine* quand elle se termine par un son plein, tel que *bonté, pouvoir, fatal, heureux*.

Elle est *féminine* quand elle se termine par un *e* muet comme les mots *prodigue, tutélaire*. Les quatre vers suivants fournissent un exemple de ces deux sortes de rimes.

Au pied du mont Adule, entre mille roseaux,
Le Rhin, tranquille et fier du progrès de ses eaux,
Appuyé d'une main sur son urne penchante,
Dormait au bruit flatteur de son onde naissante.

(BOILEAU, Épître IV).

La dernière syllabe des rimes féminines ne compte point dans la mesure des vers. Cet *e* qu'on fait sentir sans l'articuler, laisse dans l'oreille un son mélodieux comme celui d'un timbre qui résonne encore quand le

---

* Le vers *métrique* en usage chez les Grecs et les Latins a pour principe non pas le nombre, mais la mesure des syllabes, la combinaison des longues et des brèves.

** Voir page 204.

marteau a cessé de le frapper. C'est là cette harmonie que les étrangers saisissent difficilement.

La rime est également féminine si l'*e* muet est suivi de *s* ou de *ent*. Exemples :

> Quand Flore dans les plaines
> Faisait taire des vents les bruyantes haleines.
> Les forêts de nos cris moins souvent retentissent,
> Chargés d'un feu secret vos yeux s'appesantissent.

Remarque sur certains verbes. Les mots terminés par *aient* ou *oient*, à l'imparfait et au conditionnel des verbes, ayant le son d'un *e* ouvert, forment une rime masculine.

> Du temps que les bêtes parlaient
> Les lions, entre autres, voulaient
> Être admis dans notre alliance.
>
> (LA FONTAINE, *Fables.*)

On distingue la rime *riche* et la rime *suffisante.*

La rime est *riche* lorsque les dernières syllabes des mots qui terminent les vers se composent d'un même assemblage de lettres, mais surtout quand elles produisent à l'oreille une concordance de sons parfaitement exacte. Ainsi dans les vers suivants, où Boileau lui-même s'emporte contre la difficulté d'accorder la rime et la raison :

> Maudit soit le premier dont la verve insensée,
> Dans les bornes d'un vers renferma sa pensée.
> Et, donnant à ses mots une étroite prison,
> Voulut avec la rime enchaîner la raison !
>
> (*Satire 2.*)

La rime est *suffisante* lorsqu'elle n'offre que la similitude de sons.

Cet immense océan où l'homme *solitaire*
Semble, au milieu des eaux, exilé de la *terre ;*
Rien ne peut l'effrayer, il vole à d'autres *bords*
Argonaute nouveau conquérir des *trésors ;*

(SAINT-VICTOR, *l'Espérance.*)

Les mots ne doivent jamais rimer avec leurs composés, *ami* avec *ennemi*, *prudent* avec *imprudent*.

Les vers sont à rimes *plates*, ou à rimes *croisées*, ou à rimes *mêlées*.

Ils sont à *rimes plates* lorsque deux vers masculins et deux vers féminins se succèdent alternativement. Le poème épique, le poème dramatique, l'églogue, la satire, et l'épître dans le genre sérieux, sont ordinairement à rimes plates.

Les vers sont à *rimes croisées* lorsqu'un vers masculin est suivi d'un vers féminin et celui-ci d'un autre vers masculin, qui rime avec le premier, comme dans ces vers adressés à la violette.

Comme le bienfaiteur discret
Dont la main secourt l'indigence,
Tu nous présentes le bienfait,
Et tu crains la reconnaissance.

Sans faste, sans admirateur,
Tu vis obscure, abandonnée,
Et l'œil encor cherche ta fleur
Quand l'odorat t'a devinée.

(CONSTANT DUBOS, *les Fleurs.*)

Enfin les vers sont à *rimes mêlées* lorsqu'on ne met pas de suite plus de deux vers masculins ou féminins, et qu'on fait suivre un vers masculin ou féminin d'un ou de deux vers d'une rime différente. Exemple :

Seigneur, dans ta gloire adorable ,
Quel mortel est digne d'entrer ?
Qui pourra, grand Dieu, pénétrer
Ce sanctuaire impénétrable
Où les saints inclinés, d'un œil respectueux
Contemplent de ton front l'éclat majestueux ?

(J.-B. ROUSSEAU, Odes.)

De l'Élision et de l'Hiatus.

De l'Élision. Toutes les fois qu'un mot terminé par un *e* muet précède un autre mot commençant par une voyelle ou par un *h* muet, l'*e* muet ne compte pas pour la supputation des syllabes du vers, et disparaît même dans la prononciation, en un mot il s'élide. C'est ce qu'on entend par l'élision. Exemple :

Les prier que chacun, apportant sa faucille,
Nous *vienne* aider demain dès la pointe du jour.

(LA FONTAINE, Fables, IV, 22.)

Autre exemple :

Elle *flotte*, elle *hésite;* en un mot, elle est femme.

(RACINE, Athalie, III, 3.)

De l'Hiatus. Toute autre voyelle que l'*e* muet, placée à la fin d'un mot devant un autre mot commençant par une voyelle ou par un *h* muet produit un choc nommé *hiatus.* Boileau le proscrit de la poésie dans ces vers dont l'harmonie imitative est si frappante :

Gardez qu'une voyelle à courir trop hâtée
Ne soit d'une voyelle en son chemin heurtée.

(Art poétique, chant 1.)

Du choix des mots.

Une phrase cadencée n'est qu'un tissu de mots bien choisis mis à leur place ; l'usage ou le goût bannit de la poésie non pas seulement les termes prosaïques, mais encore ces expressions : *c'est pourquoi, parce que, pourvu que, de manière que, en effet, quelconque,* etc. Le seul Racine a su dire :

Pourvu que de ma mort respectant les approches, etc.

(*Phèdre*).

Mais Racine est un magicien qu'il est donné à peu de poètes d'égaler.

Certains mots qui, en général paraîtraient déplacés dans la prose, conviennent essentiellement à la poésie. Elle dit *antique* au lieu d'*ancien, coursier* pour *cheval, glaive* pour *épée,* les *humains,* les *mortels* pour les *hommes,* etc.

Sous ce rapport cependant il faut prendre garde de ne rien exagérer et de ne pas rendre, à force de recherche, son langage énigmatique. Tel est cet exemple de Delille :

Les enfants d'Éole
Broyant les dons de Cérès.

Ce qui veut dire tout simplement les *moulins à vent.* Ne valait-il pas mieux employer le mot lui-même que d'aller chercher si loin ?

Des différentes espèces de Vers.

Vers alexandrin. La versification française renferme comme nous l'avons dit * plusieurs sortes de vers ; le plus important est le vers alexandrin ** employé dans

---

* Voir page 199.

** Ce nom lui vient à ce qu'on croit, d'un poème intitulé Alexandre où il fut employé pour la première fois (dans le xiie siècle).

l'épopée, dans la tragédie, la satire, l'épître. Il se compose de douze *syllabes*, et se divise en deux *hémistiches* * égaux, séparés ordinairement par un repos qu'on appelle *césure*. Exemple :

Je n'y vais que pour vous, / barbare que vous êtes ;
Pour vous , à qui des Grecs / moi seul je ne dois rien.
(R<small>ACINE</small>, Iphigénie, IV, 6).

Nous disons *ordinairement*, parce que la césure se place quelquefois, soit avant la fin du premier hémistiche soit après. Exemples :

Moi ! seigneur, moi, / que j'eusse une âme si traîtresse !
Qu'un si lâche dessein.....
Tu tiens mal ta promesse :
Sieds-toi, / je n'ai point dit encor ce que je veux.
(C<small>ORNEILLE</small>, Cinna, V, 1.)

Fuyez donc. / Retournez dans votre Thessalie.
(R<small>ACINE</small>, Iphigénie, IV, 6.)

Quand je vois vivre entre eux les hommes / comme il font.
(M<small>OLIÈRE</small>, Misanthrope, I, 1.)

Ciel ! / dans un des parvis, aux hommes réservé,
Cette femme superbe entre / le front levé.
(R<small>ACINE</small>, Athalie, II, 2.)

Vers de dix syllabes. Le vers de dix syllabes est partagé en deux hémistiches **, le premier de quatre syllabes, le second de six. Ce vers très-harmonieux est d'origine ancienne, il prête à l'élégance poétique, dans le conte, le dialogue, la chanson. La césure doit y être après la quatrième syllabe, mais bien souvent les poètes l'ont placée ailleurs avec avantage. Les vers suivants

---

* Ou moitié de vers.

** Ce ne sont pas à vrai dire des hémistiches (des moitiés de vers) ce sont des césures.

offrent un exemple aussi agréable que régulier de ce genre de vers :

> Que la nature, au génie indulgente,
> Traita bien mieux ce poète ingénu,
> Ce La Fontaine, à lui seul inconnu,
> Ce peintre-né dont l'instinct nous enchante !
> Simple et profond, sublime sans effort,
> Le vers heureux, le tour rapide et fort,
> Viennent chercher sa plume négligente.
> Pour lui sa Muse, abeille diligente,
> Va recueillir le suc brillant des fleurs.
> En se jouant la main de la nature
> Mêle, varie, assortit ses couleurs :
> C'est un émail semé sur la verdure,
> Dont le Zéphyr fait toute la culture
> Et que l'Aurore embellit de ses pleurs.
> Mais sous l'appât d'un simple badinage,
> Quand il instruit, c'est Socrate ou Caton,
> Qui de l'enfance a pris l'air et le ton.
> De l'art des vers tel est le digne usage.
>
> (MARMONTEL, *les Charmes de l'Étude,*
> *Épître aux poètes.*)

Vers de huit syllabes. Le vers de huit syllabes, presque aussi universel que le vers alexandrin, est d'origine beaucoup plus ancienne. Son rhytme, plein de grâce et d'essor, exige un tour d'esprit particulier.

Nous citerons pour exemple de ce genre de vers la magnifique strophe de Lefranc de Pompignan :

> Le Nil a vu sur ses rivages
> Les noirs habitants des déserts
> Insulter par leurs cris sauvages
> L'astre éclatant de l'univers.
> Cris impuissants ! Fureurs bizarres !
> Tandis que ces monstres barbares
> Poussaient d'insolentes clameurs,
> Le Dieu, poursuivant sa carrière,

Versait des torrents de lumière
Sur ses obscurs blasphémateurs.

(*Ode sur la mort de J.-B. Rousseau.*)

Comme on peut le voir par cet exemple, le vers de
huit syllabes n'a pas d'hémistiche. Il en est de même des
vers de sept syllabes, de six, de cinq et au-dessous. Ces
divers genres de versification conviennent aux pièces
légères, et à la poésie lyrique où le mélange des différents mètres est nécessaire pour harmonier la musique
avec les paroles.

Vers de sept syllabes.

Heureux qui, de la sagesse
Attendant tout son secours,
N'a point mis en la richesse
L'espoir de ses derniers jours.

(J. RACINE.)

Vers de six syllabes.

Les compagnes de Flore
Parfument ces coteaux.
Une nouvelle aurore
Semble sortir des eaux
Et l'Olympe se dore
De ses feux les plus beaux.

Vers de cinq syllabes.

Dans ces prés fleuris
Qu'arrose la Seine,
Cherchez qui vous mène,
Mes chères brebis.

(DESHOULIÈRES.)

Son coursier superbe
Foule comme l'herbe
Les corps des mourants;

Le héros l'excite,
Et le précipite
A travers les rangs.

(LAMARTINE.)

Vers de quatre syllabes.

Mon pauvre père
Verra souvent
Pâlir ma mère
Au bruit du vent.

(C. DELAVIGNE.)

Nous ne parlerons pas des vers d'une mesure infé-
rieure qu'on n'emploie qu'accidentellement en les
mélangeant avec des vers d'un rhythme plus nombreux.

Questionnaire.

La Poésie n'est-elle pas le produit de l'inspiration ? — Parlez
des beautés idéales et des beautés positives de la Poésie ? —
Quel moyen a-t-on de connaitre la véritable valeur des vers ?
— Comment peut-on définir le vers ? — Quel est le principe
du vers français ? — Qu'est-ce que la Rime ? — Quand la
rime est-elle féminine ? Masculine ? — Quelle remarque fait-
on sur certains verbes ? — Qu'est-ce que la rime *riche* et la
rime *suffisante* ? — Que faut-il éviter dans la rime ? —
Qu'entend-on par rimes *plates* ? Rimes *croisées* ? — Qu'est-
ce que les vers à rimes *mêlées* ? — Qu'est-ce que l'Élision ?
Qu'est-ce que l'Hiatus ? — Parlez du choix des mots ? —
— Quelles sont les différentes espèces de vers ? — Qu'est-ce
que le vers alexandrin et de combien de syllabes se compose-
t-il ? — Comment le vers de dix syllabes doit-il être partagé ?
— Le vers de huit syllabes n'est-il pas presque aussi universel que le vers alexandrin ? — Vers de sept syllabes. — Vers
de six syllabes. — Vers de cinq et de quatre syllabes.

FIN.

Coulommiers. — Imprimerie de A. MOUSSIN.

COURS ÉDUCATIF DE LANGUE MATERNELLE, à l'usage des écoles et des familles, par le P. GRÉGOIRE GIRARD, Cordelier.

L'ouvrage se divise ainsi qu'il suit :

1° INTRODUCTION, exposé de la méthode et de son emploi, sous le titre DE L'ENSEIGNEMENT RÉGULIER DE LA LANGUE MATERNELLE dans les écoles et les familles, NOUVELLE ÉDITION, CORRIGÉE par l'auteur, 1 fort volume in-12. Prix, broché :   2 fr. 25 c.

Ouvrage auquel l'Académie française a décerné un prix extraordinaire de 6,000 fr.

2° COURS ÉDUCATIF PROPREMENT DIT :

1re PARTIE.	Tome 1. — Syntaxe de la proposition, 1 vol. in-12.
	Tome 2. — Conjugaison par propositions et Vocabulaire, 1 vol. in-12.
2e PARTIE.	Tome 1. — Syntaxe de la phrase à deux propositions, 1 vol. in-12.
	Tome 2. — Conjugaison par phrases et Vocabulaire, 1 vol. in-12.
3e PARTIE.	Tome 1. — Syntaxe des phrases à plus de deux propositions, 1 vol. in-12.
	Tome 2. — Esquisses de compositions, — Vocabulaire ou langage figuré et Mythologie, 1 v. in-12.

Chaque partie se vend séparément. Prix, br. : 4 fr. 50 c.

MANUEL À L'USAGE DES ÉLÈVES qui suivent le Cours éducatif, rédigé sous les auspices et avec les conseils du P. GIRARD.

1re Partie. — Manuel de Syntaxe et de Conjugaison. 1 vol. in-12.
2e Partie. — Manuel de Syntaxe et de Conjugaison. 1 vol. in-12.
3e Partie. — Manuel de Syntaxe. 1 vol. in-12.

Chaque volume cartonné se vend séparément : 1 fr. 50 c.

RECUEIL DE COMPOSITIONS FRANÇAISES graduées sur un nouveau plan, à l'usage des classes de français des lycées et des collèges, des institutions de jeunes personnes et de jeunes gens, avec des *Conseils sur chaque genre ;* par MM. SAUCIÉ, agrégé des classes supérieures, et GUILLEMOT, agrégé de grammaire.

MATIÈRES ET CONSEILS. 1 vol. in-12. Prix, br. ou cart.   1 fr.
CORRIGÉS, annotés et commentés, tirés des meilleurs auteurs. 1 vol. in-12. Pr., br.   2 fr. 50 c.

CLASSIQUES FRANÇAIS COMMENTÉS ET ANNOTÉS à l'usage de toutes les personnes qui étudient la langue française, et particulièrement des établissements d'instruction publique ; éditions très-correctes et très-jolies, à bon marché. — Ouvrages publiés :

Boileau, *Œuvres poétiques choisies*, 1 vol. in-12. — **Bossuet**, *Discours sur l'Hist. universelle*, 1 vol. in-12 ; *Oraisons funèbres*, 1 vol. in-12. **Buffon**, *Morceaux choisis*, suivis de Morceaux choisis de Guéneau de Montbeillard, 1 vol. in-12. — **Fénelon**, *Dialogues sur l'éloquence et Lettre à l'Académie*, 1 vol. in-12 ; *Fables*, 1 vol. in-18 ; *Morceaux choisis*, 1 vol. in-18 ; *Télémaque*, 1 vol. in-12. — La Bruyère, *Caractères*, suivis des Caractères de Théophraste, 1 vol. in-12. — **La Fontaine**, *Fables*, 1 vol. in-18. — **Massillon**, *Petit Carême*, 1 vol. in-12 ; *Sermons choisis*, 1 vol. in-12. — **Montesquieu**, *Grandeur et Décadence des Romains*, 1 vol. in-12. — **Voltaire**, *Charles XII*, 1 vol. in-12. — **Théâtre classique**, 1 vol. in-18.

Coulommiers. — Imprimerie de A. MOUSSIN.

www.ingramcontent.com/pod-product-compliance
Lightning Source LLC
Chambersburg PA
CBHW071935090426
42740CB00011B/1706